KB023967

016

팸플릿 016

1.5
그레타 툰베리와 함께

기후위기 비상행동을 위한 긴급 메시지

한재각 엮음

그레타 툰베리 ㅣ 정혜선 ㅣ 조천호 ㅣ 김도현 김서경 김유진
박진미 ㅣ 김양희 ㅣ 김수상 ㅣ 그린씨 ㅣ 김정열 ㅣ 장영배
김명희 ㅣ 조효제 ㅣ 고은영 ㅣ 기후위기 비상행동

"Once we start to act, hope is everywhere."

Greta Thunberg

"행동하기 시작하면, 희망은 모든 곳으로 번집니다."

그레타 툰베리

차례

생존과 민주주의를 위해 거리로 나서자!

한재각

열여섯 살 스웨덴 청소년, 그레타 툰베리는 전 지구적으로 일어
서는 기후정의운동의 최전선에 선 투사다. 학교라는 일상까지
위협하고 있는 기후위기 시대에, 그이는 '학교파업'을 시작하면
서 전 세계 청소년들, 그리고 나이 많은 시민들이 기후행동에
나서도록 촉구하고 있다. 눈덩이처럼 굴러 뭉친, 그 거대한 힘
으로 화석연료 체제를 깨부수도록 독려하고 있다. 그이가 이번

한재각 에너지기후정책연구소 소장. 10년 이상을 에너지와 기후변화에 대해서 쓰고 말하고
있지만, 심화되는 기후위기 앞에 '실패자'임을 깨닫고 있다. 그래도 "행동할 때 희망이 만들어
질 수 있다"는 그레타 툰베리의 이야기에 용기를 얻는다.

에는 프랑스 하원에서 기후위기에 관한 연설을 하였다. 노르망디 자유상을 받기 위해 파리에 간 김에 이루어진 일이다. 그러나 몇몇 의원들은 그 연설 자리를 피했고, 다른 동료 의원들에게 불참할 것을 요청하기도 하였다.

하원의 한 의원은 툰베리가 "학교 가기를 싫어한다"면서, "학교를 결석하고 수업을 빼먹는 것이 더 임박한 재앙"이라고 조롱했다. 유럽의회의 한 프랑스 의원은 "어린이를 이용해서 세계가 불꽃에 휩싸일 것이라는 무시무시한 메시지로 겁주는 것과 학교를 빼먹고 수업 거부 파업을 하는 것은 패배주의자와 같은 접근법"이라고 비난하기도 했다. 물론 연설에 박수와 지지를 보낸 의원들도 많았지만, 비열한 말들도 차고 넘쳤다.

하지만 이제 그레타 툰베리에게 이런 조롱과 비난은 결코 낯설지 않다. 그이는 담담하게, 그러나 슬픈 표정으로 연설을 이어갔다. "우리 말을 듣지 않으셔도 됩니다. 그렇지만 과학자들의 말은 들으셔야 합니다. 그것이 우리가 요구하는 전부입니다."

그레타 툰베리가 읽었고 또 다른 사람들도 읽기를 권하고 있는 보고서는 'IPCC'라는 약어로 더 잘 알려진, '기후변화에 관한 정부 간 패널'에서 내놓은 보고서들이다. IPCC는 미국의 트

럼프 대통령과 그 뒤에 서 있는 석유기업 등이 여전히 주장하는 '기후변화 부정론'이 근거가 없다는 점을 이미 다섯 차례의 보고서를 통해, 과학적 사실에 기반하여 보다 명확한 어조로 이야기하고 있다. 기후변화가 분명 일어나고 있으며, 그것은 막대한 화석연료를 태우는 등 인류의 산업 활동에 의해 야기된 것이 명확하다고 이 보고서들은 이야기하고 있다.

나아가 이대로라면 인류 문명이 위협받을 정도로 파괴적인 영향에 직면할 것이며, 그 영향을 최소화하기 위해 지구 평균기온 상승을 1.5도씨 이내로 묶어 두려면 2050년까지 전 지구적으로 온실가스 배출을 제로(0)로 만들어야 한다고 제안한 특별 보고서를 최근에 내놓았다.

IPCC의 이런 보고서들은 유엔 기후변화협약을 비롯하여 교토 의정서, 그리고 최근의 파리협정에 이르기까지, 기후변화를 막기 위한 여러 국제적 협약에 과학적 기초를 제공하였다. 전 세계 수천 명의 과학자들의 참여와 검토를 거쳐 인류가 활용할 수 있는 최선의 지식을 담고 있다.

그레타 툰베리가 이번 프랑스 하원 연설에서 IPCC 보고서를 인용하여 꺼내 든 말은 '탄소예산'이다. **탄소예산이란 지구 평**

균온도가 1.5도씨 이상 오르지 않으려면 넘지 말아야 할 전 지구적 이산화탄소 배출 총량을 의미한다. 이 총량을 넘어서 이산화탄소를 배출하게 되면 지구 평균기온이 1.5도씨를 넘어서게 될 가능성이 대단히 높아진다. 더 극심한 폭염과 더 강력한 태풍, 해수면 상승과 수많은 기후난민의 발생, 식량과 물의 부족 등, '기후재앙'을 되도록 피하거나 아니면 그나마 약하게 겪으려면 지켜야 할 선이다. 그이는 정치가들, 언론인들, 기업가들이 탄소예산에 대해서 이야기하는 것을 본 적이 없으며, 그런 말이 있다는 것조차 잘 모르는 것 같다고 했다. 맞다. 적어도 한국에서 그 말은 한 치도 틀리지 않고 맞다. 우울하게도.

과학자들이 계산한 바에 따르면, 1.5도씨 목표를 지키기 위한 탄소예산은 채 10년이 안 되어서 바닥이 날 것이다. 지금 당장 온실가스를 감축해야 한다. 지금 당장 행동해야 한다. 그레타 툰베리가 우울하지만 절박한 표정으로 프랑스 하원 의원들에게 말하고자 한 바가 그것이다. 아, 채 10년이 남지 않은 것이다. 용기 있는 자만이 직시할 수 있는 진실이고 발언이다. 그리고 그이를 비난하던 의원들이 그토록 외면하고자 하는 이야기이다. 그레타 툰베리는 "기후위기보다 한 어린아이의 연설이 무서운 거냐"며 의원들을 질타했지만, 더 생각해보면 그들은 기후위기 진실을 이야기하는 용기 있는 자를 무서워한 것이다.

그레타 툰베리의 연설은 당장 한국의 국회에서도 이루어질 일이다. 기후위기 속에서도 은밀한 동맹을 맺고 있는 기득권 엘리트들의 '기후 침묵' 체제가 견고하게 자리 잡고 있는 한국에서 더욱 절실한 일이다. 국회뿐만이 아니다. 공공장소에서, 거리에서, 식당에서, 학교에서, 집에서, 일터에서, 어디에서든 말하고, 노래하고, 보여주어야 한다. 말하는 이가 꼭 스웨덴 청소년일 필요도 없다. 기후위기의 진실을 마주하고 용기 내어 이야기할 수 있는 사람이라면, 누구든 상관없다. 그/그녀는 청(소)년일 수도 있고, 농민일 수도 있다. 또 여성, 노동자, 시인, 과학자, 의사, 교수, 정치인일 수도 있고, 전부일 수도 있다. 여기 '기후 침묵'을 깨고 각자의 삶 속에서 기후위기의 진실을 이야기해왔고, 이제 거리로 나서려는 이들이 있다. 이들은 한국의 수많은 '그레타 툰베리'다.

'기후 우울증'을 앓고 있는 이들이 많다. 그레타 툰베리도 그들 중 한 사람일 것이다. 기후위기에 대해서 아무리 말하고 또 말해도, '기후 침묵'에 가로막혀, 생존을 위해서 행동해야 할 시간만 줄어들고 있는 상황을 무기력하게 지켜본 이들이 피하기 힘든 병이다. 따지고 보면, 이미 우리 사회에서 많은 사람들이 비슷하게 겪어 왔고 또 겪고 있는 아픔이기도 하다. 팽목항에서, 용산에서, 강정에서, 밀양에서, 평택에서…… 익숙해지는 것이

낯선 그 아픔이, 이제 전 지구적 규모로 더 거대하게 밀려오고 있다. '기후 우울증'을 앓고 있는 대부분의 사람들은 집에서, 동네에서, 그리고 일터에서 에너지를 아끼고 태양광 패널을 설치하며 먹거리와 탈 것을 바꾸며 살아온 사람들이다. 그러나 그들의 선한 노력에도 불구하고, 지구 전체에서나 한국에서나 온실가스 배출량은 조금도 줄지 않고 오히려 기후재앙을 향해 내달리고 있다. 이래서는 안 되겠다, 사회 구조적으로 변화를 추구해야 한다, 가만히 말로 해서 될 일이 아니다, 이렇게 깨달은 사람들이 이제 거리로 나서기로 했다.

2019년 9월 21일, 한국에서도 대규모 기후행동을 준비하고 있다. 처음은 아니지만, 기후위기의 심각성과 그에 대한 새롭고 폭넓은 자각을 생각하면 이번 한 번으로 끝날 기후행동은 아니다. 이를 위해 '기후위기 비상행동'이라는 연대 기구를 만들었다. 기후위기를 절감하는 많은 단체와 개인들이 모여 비상한 행동을 하자고 결의하고 있다. 또한 이들은 정부와 온실가스 다배출 기업들에게 기후위기 해결을 위해 요구할 사항들을 토론하고 있다. 아마도 집약될 요구 사항 안에는 다음과 같은 내용들이 포함될 것이다.

— 기후위기의 진실을 인정하고 비상사태를 선포하라.

─ 빠른 시일 안에 온실가스 배출을 제로(0)로 만들기 위한 목
  표와 계획을 수립하라.
─ 석탄발전소를 폐쇄하고, 내연기관 자동차 생산을 중단하라.

이러한 요구를 내건 비상행동은 문자 그대로 삶을 지키고 생
존하기를 원하는 많은 사람들이 참여하고 눈덩이처럼 불어나
게 될 사회운동이다. 또한 이 거대한 위기가 지금까지 전 세계
를 짓누르고 있는 불평등과 차별과 따로 있는 것이 아니라 긴밀
히 연결되어 있다는 점을 이해하는 운동으로 발전할 것이다. 예
컨대 경제성장과 자유무역의 이름으로 국내외적으로 이루어지
는 수많은 수탈과 불평등은 화석연료를 기반으로 한 거대한 국
제 물류 이동과 떼어낼 수 없으며, 석유 등의 화석연료와 자원
을 캐내는 과정에서 작동되는 '채굴주의'extractivism는 비민주적
억압과 파괴의 동의어로 이해할 수 있다. 사회의 대전환이 필요
하며, 이때 화석연료만이 아니라 불평등과 차별도 함께 끊어내
야 가능한 일이다. 따라서 기후위기에 맞서 대결하자면, '환경
보호' 따위의 좁은 틀을 훌쩍 넘어 더 많은 민주주의를 갈망하
는 이들이 함께 참여하는 운동이 될 수밖에 없다. 또 그렇게 되
기 위해 노력해야 한다.

이 팸플릿은 기후위기를 해결하기 위해 거리로 나서고자 하는

이들을 응원하기 위해 엮었다. 이 비상한 행동에 맞춰, 여러 곳에서 다양한 관심사로 활동하고 있는 십여 명의 필자들이 짧은 시간에도 불구하고 원고를 보내주었다. 바쁜 와중에 어렵게 시간을 내서 새 글을 써준 분도 있고, 다른 지면에 실었던 글을 이 책에 옮겨 실을 수 있도록 흔쾌히 허락해준 분도 있다. 또 이 책의 인세는 기후행동을 위해 후원해주기로 하였다. 이 모든 일에 깊이 감사드린다.

마지막으로 기후행동을 제안했던 글에서 인용해본다.

"이들의 행동이 급진적인 것이 아니라, 기후위기 상황이 급진적이기 때문입니다."

2019년 8월

"다른 탄소예산이 있나요?"

2019년 7월 23일 | 프랑스 국민의회(하원) 연설 | 정혜선 옮김

그레타 툰베리

좋은 소식과 나쁜 소식이 있습니다. 기후위기와 관련해서요. 좋은 소식으로 시작할게요. 세상은 몇몇 사람들이 최근 말해온 것처럼 11년 안에 끝나지 않을 겁니다. 나쁜 소식은 우리가 지금까지의 방식대로 계속 살면 2030년쯤이면 몇 개의 지구적 '티

그레타 툰베리 Greta Thunberg 2003년 스웨덴에서 태어난 기후 활동가이다. 2018년 8월, 기후위기에 대한 긴급한 대응을 요구하며 등교를 거부하고 스웨덴 의회 앞에서 1인 시위를 시작했다. 이는 곧 전 세계적인 청소년 기후행동을 촉발시켰다. 제24차 유엔기후변화협약 당사국총회, 다보스포럼, 유럽연합의회 등의 국제회의와 이탈리아, 영국 등 각국 의회에서 기후위기의 긴급성을 알리는 연설을 해왔다.

핑 포인트[*]를 지나게 될 거라는 겁니다. 그러면 우리는 더 이상 되돌릴 수 없는 기후재앙을 마주하게 될지도 모릅니다.

많은 사람들, 정치인들, 기업인들, 언론인들은 우리 아이들이 하는 이 말에 동의하지 않는다고 합니다. 그들은 우리가 위험을 과장하고 있다고 합니다. 불필요한 우려를 자아낸다고 합니다.

이에 대한 답으로 저는 최근 IPCC(기후변화에 관한 정부 간 패널) 보고서 2장, 108쪽을 언급하고 싶습니다. 거기에서, 많은 사람들이 우리 아이들의 '의견'에 불과하다고 하는 내용이 요약되어 있는 걸 찾을 수 있을 겁니다. 이산화탄소 예산(편집자 : 이를 앞서 설명한 탄소예산이라고 부른다)이 얼마나 남아 있는지 나와 있기 때문입니다. 지구 평균온도가 1.5도씨 이상 오르지 못하도록 하기 위해, 우리가 앞으로 배출할 수 있는 이산화탄소의 양은 420기가 톤이었습니다. 2018년 1월 1일을 기준으로 하고 67퍼센트의 확률로 추산한 결과입니다. 그리고 당연히 오늘 탄소예산 숫자는 훨씬 줄어들었습니다. 우리는 해마다 42기가 톤의

---

[*] 티핑 포인트란 초기에 미미한 변화로 시작하였던 것이 거대한 변화로 바뀌는 순간을 의미하는 것으로, 기후변화의 맥락에서 사용할 때에는 대기 중에 누적된 온실가스로 인해서 기후가 서서히 변화하다 되돌릴 수 없는 파국적인 변화로 발전하는 순간을 뜻한다. (편집자)

ASSEMBLÉE
NATIONALE
assemblee-nationale.fr

ASSEMBLEE

Mardi 23 juillet 2019
Paris

이산화탄소를 배출하기 때문입니다.

지금처럼 배출한다면 남아 있는 420기가 톤의 탄소예산이 대략 8년 반 안에 사라질 것입니다. 이것이 현실입니다. 아주 현실적인 수치입니다. 많은 과학자들은 이조차도 많이 봐준 거라고 이야기하고 있지만, 이 420기가 톤이 IPCC를 통해 전 세계 모든 나라들이 공식적으로 받아들인 수치입니다.

저는 한 번도, 단 한 번도 들어본 적이 없습니다. 정치인들, 언론인들, 기업인들이 이 수치에 대해 말이라도 꺼내는 것을요. 심지어 탄소예산이라는 것이 있다는 것조차 그들은 거의 모르는 듯합니다. 이 자리에 있는 여러분들도 우리 문명의 미래가 달려 있는 최신 IPCC 보고서를 읽지 않았을지 모릅니다.

어쩌면 여러분들은 사실을 있는 그대로 인정할 수 있을 만큼 성숙하지 않은 건지도 모릅니다. 여러분들은 심지어 우리 아이들에게 그 짐을 지우고 있습니다.

우리는 이 불편한 사실을 세상에 말해야 하는 나쁜 사람들이 되었습니다. 아무도 이야기하고 싶어하지 않고 감히 그러지도 못하기 때문입니다. 탄소예산 수치와 과학적 사실들을 언급하는 것만으로, 이를 바탕으로 행동하는 것만으로, 우리는 상상할 수 없을 만큼 큰 혐오와 협박을 받고 있습니다. 선거를 통해 당선된 고위 공무원들, 의원들, 기업인들, 언론인들은 우리를 조롱했습니다. 그들은 우리에게 거짓말을 했습니다.

우리가 극단적이라고 생각하는 사람들에게, 소위 우리의 '의견'이라 불리는 것에 의문을 제기하는 사람들에게, 저는 정말 묻고 싶은 것이 있습니다.

여러분은 다른 탄소예산이 있습니까?

지구온도 상승을 1.5도씨 아래로 제한할 수 있는 최소한의 합리적인 기회를 제공하는 또 다른 탄소예산이 있나요?

또 다른 IPCC가 있나요?

우리가 모르는 비밀 파리협정이라도 있나요?

기후정의를 포함하지 않고 있는 다른 파리협정이 있나요?

이 수치들은 중요합니다. 이것이 우리가 이용할 수 있는 가장 최신의 과학이 하는 말입니다. 여러분이 듣고 있는 말이 마음에 안 든다고 해서, 여러분 자신만의 다른 사실을 만들 수 있는 게 아닙니다.

기후 비상사태와 생태적 위기 앞에서 중간지대란 없습니다. 당연히 여러분들은 우리가 더 위험한 길로 가보아도 된다고 주장할 수 있습니다. 2018년 1월 1일자로 580기가 톤의 탄소예산이 남았다고 주장하는 것처럼요. 580기가 톤의 탄소예산으로 우리가 1.5도씨 상승을 피할 수 있는 확률은 50퍼센트입니다. 이 580기가 톤의 탄소예산조차도 우리가 지금처럼 살면 12년 안에 소진됩니다.

하지만, 왜 그래야 하나요? 왜 그 위험을 감수해야 하나요? 왜 미래에 인간이 살아갈 조건을 50 대 50, 동전이 뒤집어지는 확률에 맡겨야 하나요?

420기가 톤의 이산화탄소가 남아 있었지만, 이제 360기가 톤 아래로 떨어졌습니다. 꼭 기억해주셨으면 하는 건 이 탄소예산 수치가 전 지구적이라는 겁니다. 파리협정에 명시된 기후정의 측면에 대해서는 아무런 언급을 하지 않은 수치입니다. 그러나 지구적 차원에서 일이 되게 하려면 기후정의를 반드시 고려해야 합니다. 돈이 많은 나라는 더 빨리 배출량을 제로로 만들어야 합니다. 그 사이에 가난한 나라 사람들이, 우리는 이미 가지고 있는 도로, 병원, 전기시설, 학교, 깨끗한 물을 공급할 수 있는 사회기반시설을 지어서 삶의 질을 높일 수 있도록 해야 합니다.

바로 여러분이, 대부분의 언론이, 지금 이 순간까지 계속 이 사실을 무시하고 있기 때문에, 사람들은 지금 무슨 일이 일어나고 있는지 모릅니다. 과학을 존중한다면, 과학을 이해한다면, 사실을 말해주어야 합니다. IPCC에 따르면 2018년 1월 1일자로, 지구온도 상승을 1.5도씨 아래로 제한할 수 있는 67퍼센트의 기회를 주는 탄소예산은 420기가 톤이었습니다.

파리협정에서 우리는 지구온도 상승을 2도씨 아래로 억제하되, 1.5도씨 아래로 머무르기 위해 최대한 노력한다고 약속했었습니다. 파리협정에 따르면 우리에겐 더 많은 탄소예산이 남아 있게 됩니다. 그러나 최근의 IPCC 보고서에 따르면 1.5도씨를 넘지 않는 것이 기후위기의 충격과 여파를 훨씬 더 줄일 수 있을 것이라고 했습니다. 그건 우리가 셀 수 없이 더 많은 사람의 목숨을 구할 수 있다는 것과 같은 말입니다.

이게 전부입니다. 이게 우리 아이들이 하고 있는 말의 전부입니다.

하지만 이것 또한 말씀드리겠습니다. 위기를 위기로 다루지 않으면 해결할 수 없습니다. 전체 그림을 보아야 합니다. 개인, 정치인, 시장market 혹은 세상의 다른 이들에게 책임을 떠넘길 수는 없습니다. 모두가 모든 것을 해야만 합니다.

우리에게 남아 있는 탄소예산이 얼마나 고통스러울 정도로 적은지 깨닫게 된다면, 얼마나 빨리 탄소예산이 사라지는지 알게 된다면, 지금까지 이루어진 것이 아무것도 없다는 걸 알게 된다면, 탄소예산이라는 것이 있다는 사실조차 아는 사람이 거의 없다는 걸 깨닫게 된다면……

말해보세요.

여러분들은 정확하게 무엇을 하고 있는 겁니까? 너무 걱정한다는 이야기를 듣지 않고서, 어떻게 우리가 이 일을 할 수 있겠습니까? 이것이 우리 자신 그리고 권력자들에게 해야 할 질문입니다.

과학은 분명합니다. 우리 아이들이 하고 있는 모든 이야기와 행동은 그 의견 일치를 본 과학적 사실을 바탕으로 하고 있는 것입니다.

이제 어떤 나라의 정치 지도자들은 기후위기에 대해서 이야기하기 시작했습니다. 기후 비상사태를 선언하기 시작했습니다. 탄소중립을 달성할 날짜를 정해서 발표하기 시작했습니다. 기후 비상사태를 선언하는 것은 좋은 일입니다. 그러나 단지 이런 어렴풋이 먼 날짜를 정하는 것, 무언가 이루어졌고 변화의 액션이 취해지고 있다는 인상을 주는 말을 하는 것은 오히려 해로운 일입니다. 왜냐하면 우리에게 필요한 변화는 아직 아무 데서도 눈앞에서 일어나지 않았기 때문입니다. 프랑스에서도, 유럽연합 내의 그 어느 곳에서도요.

저는 우리가 행동하지 않는 것이 가장 큰 위험이라고 생각하지 않습니다. 진짜 위험은 사실은 아무 일도 일어나고 있지 않은데, 기업과 정치인들이 마치 변화가 일어나는 것처럼 보이게 만드는 것입니다. 명민한 계산과 광고를 통해서요.

기후 비상사태와 생태적 위기는 바로 지금 여기에 있습니다. 그러나 이제 막 시작되었을 뿐입니다. 앞으로 더 악화될 것입니다.

2018년 1월 1일에 우리에게 남은 탄소예산은 420기가 톤이었습니다. 이는 지구온도 상승을 1.5도씨 아래로 묶어 둘 수 있는 67퍼센트의 기회를 주는 것이었습니다. 이제 탄소예산은 360기가 톤 아래로 줄어들었습니다. 지금 속도로 배출하면 8년 반 안에 사라집니다. 제가 이 연설을 하고 있는 순간에도 세계는 약 80만 톤의 이산화탄소를 배출했습니다.

듣지 않고, 행동하지 않고, 관심을 갖고 돌보지 않는 것에 대해, 아직도 변명거리가 남아 있는 사람이 있다면, 저는 다시 한 번 묻습니다.

또 다른 IPCC가 있나요?

기후정의를 포함하지 않는 우리가 모르는 비밀 파리협정이 있나요?

지구온도 상승을 1.5도씨 아래로 제한할 최소한의 합리적인 기회를 주는 다른 탄소예산이 있나요?

어떤 분들은 오늘 여기 오지 않으셨습니다. 어떤 분들은 우리의 이야기를 안 듣기로 하셨습니다. 좋습니다. 우리는 결국 아이들일 뿐이니까요. 우리의 말을 듣지 않으셔도 됩니다. 그렇지만 과학자들의 말은 들으셔야 합니다. 그것이 우리가 요구하는 전부입니다. 과학의 말을 들으세요.

과학적 사실을 근거로 함께 행동합시다.

Just unite behind the science.

감사합니다.

나이가 들어서 돌아보았을 때,
할 수 있는 모든 것을 했다고 말할 수 있기를

정혜선

그레타 툰베리의 연설 내용과 그이의 활동을 알리는 팬 페이지를 만든 것은 올해 6월이었다. 그전에도 몇 건의 연설문과 글을 번역해서 수업시간에 학생들에게 보여주거나 이런저런 사이트에 퍼 나른 적은 있는데, 그것을 한 군데에 모아볼 생각은 못했다. 팬 페이지를 열어야겠다고 결심한 건 그레타가 고등학교 진학을 미루고 유엔 기후정상회담이 열리는 뉴욕과 COP25(제

정혜선 기후위기, 퍼머컬처, 세계시민교육을 매개로 다양한 공간에서 청소년들을 만나고 있는 프리랜서 활동가이다. 그레타 툰베리의 활동을 한국에 알리는 페이스북 페이지를 운영하고 있다. 실상사 작은학교에서 영어교사로 일했다.

25차 유엔 기후변화협약 당사국 총회)가 열리는 칠레까지 비행기를 타지 않고 가겠다는 뜻을 밝혔을 때였다. 어떻게 가야 할지는 아직 모르겠다고 했다. 그렇지만 꼭 방법을 찾아내겠다고 했다. 우리 모두는 불가능한 일을 해내야 하니까.

내가 지금 이 글을 쓰고 있는 8월 7일, 그레타는 이미 며칠 전 집이 있는 스톡홀름을 떠나 남북 아메리카를 향한 긴 여정을 시작했다. 배를 제공하겠다는 수많은 사람들이 나타났고, 그이는 태양광 발전기와 수중터빈이 장착된 탄소배출 제로로 항해할 수 있는 요트를 선택했다. 8월의 대서양은 허리케인이 올 위험이 있어 배를 타고 바다를 건너는 것이 쉽지는 않을 거라고 했다. 그러나 같이 항해할 아버지와 선장과 함께 웃으며 찍은 사진을 보니 마음이 놓였다. 나는 그레타가 항해 도중 밤이 찾아오면 요트에 팔베개를 하고 누워 밤하늘에 떠있는 무수히 많은 별을 바라보는 장면을 떠올린다. 남북 아메리카 대륙을 육로로 이동하며 수많은 아름다운 영혼의 사람들을 만나는 모습도 떠올린다. 그이는 사람이 지구 위를 여행하는 법, 사람이 지구와 관계 맺는 법에 관한 새로운 이야기를 써나갈 것이다. 그런 생각을 하면 가슴이 쿵쾅쿵쾅 뛰었다. 나는 그 소식을 우리말로 옮겨 내가 사랑하는 한국 사람들에게 들려주고 싶었다.

내가 그레타에게 깊이 공감할 수 있었던 것은 덴마크 세계시민학교에서 유럽 10대들과 보낸 시간 덕분이었다. 2016년 1월 영어교사로 근무했던 지리산 실상사 작은학교를 떠나 덴마크로 갔다. 끝난 지 채 한 달도 지나지 않았던 COP21(제21차 유엔 기후변화협약 당사국총회)의 여운이 아직 유럽에 남아 있던 시기였다. 학생들도 선생님들도 파리협정에 대해서 이야기했다. 학교에서는 전 환경부 장관을 초대해 강의를 듣기도 했다. COP21이 열렸던 파리까지 직접 찾아가 시위를 했다는 열여덟 살 청년 세바스찬은 파리협정을 강하게 비판하는 영화를 만들기도 했다. 그러나 나는 이 모든 이야기를 제대로 알아들을 수 없었다. 언어 때문만은 아니었다. 한국에서 생태적 실천에 있어서 둘째 가라면 서러운 대안학교에서 살다온 사람인데도, 나는 기후위기를 둘러싼 논의에 무지했다. 열여덟 살의 세바스찬이 상세하게 알고 있는 내용을 서른여덟 살의 나는 모르고 있었다.

유럽의 10대들은 자신들을 이렇게 정의했다. '기후변화에 대해서 제대로 교육받은 첫 번째 세대이자, 행동할 수 있는 기회가 있는 마지막 세대'라고. 1년간 학교를 다니며 '기후변화'에 대해 많은 이야기를 듣고 토론식 수업을 받았다. 그러나 나는 기후위기를 마음으로 받아들이지 못했다. 그저 그 세계 사람들의 관심사려니 했다. 무상교육과 무상의료가 되는 나라에서 자라 입시

경쟁을 겪지 않아도 되는 친구들이니 '기후정의'와 같은 문제를 싸움의 최전선에 둘 수 있다고 생각했다.

한국에 돌아와 우연히 전 세계 대학들에서 무료로 제공하는 온라인 코스를 검색하던 중 스웨덴의 움살라 대학이 만든 '기후행동 리더십 코스'를 발견했다. 덴마크에 있을 때부터 스웨덴 이야기를 많이 들었다. 덴마크 사람들은 말하길, 기후위기 대응에서도, 쓰레기 재생산업에 있어서도, 스웨덴이 자기네보다 훨씬 앞서 있다고 했다. 실제로 스웨덴에 가보면 이미 버스나 배와 같은 대중교통을 화석연료가 아닌 바이오연료로 돌렸다. 나는 이 스웨덴이라는 나라의 가장 오래된 대학에서 만든 기후행동에 관한 코스가 어떤지 궁금해서 수강을 시작했다. 5주간의 코스 동안 기후변화의 개념, 파리협정의 내용과 한계, 탄소예산, 기후정의, 더 나은 세상을 만들기 위해 기득권을 내려놓고 실천한 운동가들의 사례를 공부했다. 마지막 주 숙제는 수강생들이 자신만의 구체적인 행동 계획을 짜는 것이었다. 내가 살고 있는 지역에서 필요한 기후행동이 어떤 것인지 파악하고, 내가 가진 자원이 무엇인지 살펴본 다음, 그것을 근거로 행동하는 것이었다.

나는 코스를 수료하지 못했다. 숙제를 하지 않았기 때문이었다.

숙제를 할 수가 없었다. 새롭게 알게 된 내용을 감당할 수가 없었다. 내 시간을 들여 꼼꼼하게 파리협정과 탄소예산을 공부한 것은 처음이었다. 컴퓨터 화면 속의 교수는 말하고 있었다. 지금 바로 행동하지 않으면 우리는 '곧' 1.5도씨의 기회를 잃어버리게 될 거라고. 2017년 초반이었던 당시는 그가 말하는 '곧'이 얼마만큼의 시간을 뜻하는지 알 수가 없었다. 나는 막연한 두려움에 휩싸였다. 심장이 뛰고 잠이 오지 않는 날이 이어졌다. 한국 친구들에게 이야기를 해보았지만 공감을 받을 수 없었다. 나는 혼자 방에 틀어박혀 다른 자료들을 뒤지기 시작했다. 그때부터 잔인한 수치와 그래프들만 눈에 들어왔다. 세바스찬이 떠올랐다. 그에게 편지를 썼다.

"내가 이제야 그때 네가 했던 말들을 다 이해하게 되었어…… 그런데 너는 그 동안 이걸 어떻게 감당해 온 거니? 이런 것들을 다 알면서 어떻게 일상을 꾸려올 수 있었니?"

나보다 스무 살이 어린 세바스찬은 길고 정성스러운 답장을 보내주었다.

"네가 나의 말을 이해하게 되었다니 기쁘다. 기후행동 리더십 코스를 들은 것도 자랑스러워. 너의 질문은 정말 어렵고도 중요한 문제야. 어쩌면 지금 상황에서 제일 중요한 질문인지도 모르겠어. 우리에게 정답이 있을까. 혼자 방에만 있지 말고 주말이면 자연 속으로 가. 친구들이랑 자전거를 타고 바람을 쐬고 숲에도 가. 자연의 아름다움은 언제나 너에게 새로운 기운을 불어넣어줄 거야."

그건 현명한 옛사람들이 했던 말과 같았다. 슈마허 칼리지를 방문했을 때 사티쉬 쿠마르도 비슷한 말을 했었다. 부정적인 감정이 일어날 때에는 숲으로 가라고. 옛사람들은 숲에 있는 오래된 나무를 찾아가 질문을 하고 답을 구하고는 했다고. 우리는 신비로운 숲과도 오래된 나무와도 다른 존재가 아니며, 숲이 경이로운 만큼 우리 자신도 경이로운 존재라고. 세바스찬의 편지는 내가 찾아 헤맸던 스승의 말이나 다름이 없었다. 그로부터 일 년쯤 후, 나에게 기후위기의 진실을 알려준 스웨덴이라는 나라에 걷잡을 수 없는 산불이 번지고, 산불을 진압하기 위해 온 유럽의 소방헬기들이 출동했던 어느 날, 그레타 툰베리라는 사람이 스웨덴 의회 앞에 나와 앉았다는 소식을 들었을 때, 나는 놀라지 않았다. 나에게 그레타는 특별한 사람이 아니었다. 혼자 방 구석에 틀어박혀있던 내게 지혜의 말을 전해준 내 친구 세바스찬 같은 사람이었다.

등교를 거부하고 스웨덴 의회 앞에 앉아 1인 시위를 시작했던 첫날 이후로 그레타는 외로웠던 적이 없다. 바로 다음날부터 스웨덴 주요 일간지 1면과 텔레비전 뉴스에 보도되었다. 정당 대표들이 찾아왔고 수많은 시민들의 동참이 이어졌다. 일주일이 지났을 때 그레타는 "내가 희망했던 모든 것을 이루었다"고 말했다고 한다. 스웨덴 시민사회는 그레타를 맞이할 준비가 되어 있었다. 스웨덴 사람들은 그레타의 이야기를 전 세계에 알렸고, 얼마 지나지 않아 유럽과 북미, 호주의 청소년들이 거리로 쏟아져 나오기 시작했다.

내가 기후행동 리더십 코스의 숙제를 하게 된 때는, 그레타가 세상에 나와 행동하기 시작한 지 6개월쯤 흐른 시점이었다. 그레타의 페이스북 계정에 장문의 글이 올라왔다. 유엔이 공식적으로 인정한 과학자들의 말을 세상에 전하고 있다는 것만으로 엄청난 혐오와 루머에 시달린다는 글이었다. 나는 그 글을 우리말로 옮겨서 퍼 날랐다. 그리고 다시 강사로 일하게 된 실상사 작은학교에서 맡은 '세계시민과 미래시민'이라는 수업에서 기후위기와 세계의 대응을 다루기로 했다. 기후위기의 기본개념, 파리협정, 탄소예산에 대해서 중·고등학생들에게 설명할 준비를 했다. 수업준비는 쉽지 않았다. 영어선생이었던 내가 과학적 사실을 설명해야 한다는 것, 심리적으로 감당하기 어려웠던 탄소예산이라는 개념을 학생들에게 가르쳐야 한다는 것이 큰 부담으로 다가왔다. 피해가고 싶은 마음이 들 때면 그레타를 떠올렸다. 열여섯 살의 그레타도 하고 있는 일인데. 기후위기에 있어서는 지금은 모두가 전문가가 되어야 하는 시기인 것이다.

수업 첫날 백 장이 넘는 슬라이드를 준비해갔다. 물론 준비한 내용의 반도 풀어놓지 못했다. 탄소예산은 결국 말도 꺼내지 못했다. 이미 학생들이 두려움을 느끼고 있다는 것이 감지되었기 때문이다. 몇 주의 시간이 흐른 후 학생들은 하나둘씩 고백했다. 기후위기의 실태를 알고 나서 충격을 받았다고. 울면서 잠이 들기도 했다고. 수업을 듣고 나서 주변 사람들한테 이야기를 했는데 아무도 공감해주지 않아서 무서웠다고. 학생들의 이야기를 듣고 나도 집에 와서 울었다. 후회를 하기도 했다. 아직 한국에서 공감받기 어려운 이슈를 너무 일찍(?) 알려서 학생들을 아프게 한 건 아닐까 하고. 그러나 유엔이 발표한 과학적 사실을, 우리나라의 대통령이 서명한 파리협정의 내용을, 매주 금요일이면 전 세계 수백만 명의 학생들이 기후위기에 대한 대책을 요구하며 거리로 나오고 있다는 사실을 알면서도 알리지 않는 건 어른으로서 더 무책임한 일이라고 생각했다.

아이들이 느끼는 두려움 앞에서 "너무 걱정하지 말라"는 말은 힘이 없다. 두려움은 용감하게 진실을 마주한 사람만이 느낄 수 있다. 살아 있는 사람만이 느낄 수 있다. 죽은 사람은 두려움을 느낄 수 없다. 우리가 기후위기 앞에서 감당하기 어려운 공포와 불안을 느끼는 것은 심장이 팔딱거리고 있다는 증거다. 세상을 깊이 사랑하고 있다는 말에 다름 아니다. 늘 함께했기에 소중함을 몰랐던 무언가가 떠날 때, 우리는 비로소 그 대상을 얼마나 사랑했는지 알 수 있게 된다. 깨닫게 된 사랑의 크기만큼 우리는 아프다. 그러므로 아이들과 우리가 느끼는 불안과 두려움은 사랑의 다른 이름이다. 이 두려움을 존중해야 한다. 그리고 함께해야 한다. 사랑하는 세상이 끝나버릴지도 모른다는 두려움은 너무나 거대하기에 혼자서는 절대로 감당할 수 없다. 안전한 곳에서 함께 그 두려움을 내놓고 울어도 된다. 그러면 생각지도 못했던 다른 힘이 솟아나는 것을 경험하게 될 것이다.

그레타 툰베리는 기후위기의 진실을 마주하고 오래 아팠던 사람이다. 자신이 겪은 불안과 우울, 식이장애, 아스퍼거 진단을 받은 사실을 숨기지 않고 고통을 행동하는 에너지로 바꾸어낸 사람이다. 생태적 위기 앞에서 행동할 수 있는 희망에 관한 여러 권의 책을 쓴 작가이자 환경 운동가인 조안나 메이시에 따르면, 고통을 행동하는 에너지로 바꾸어내는 힘은 '감사하는 마음'에서 나온다. 저녁 무렵 서쪽 하늘의 해지는 풍경을 바라

볼 수 있는 것에 대한 감사함, 아직 할 수 있는 일이 있다는 것에 대한 감사함, 그리고 우리가 혼자가 아니라는 것에 대한 감사함.

사람들이 그레타에 열광하는 것은, 그레타 안에서 자신의 모습을 보기 때문이라고 나는 믿는다. 그레타는 지구 온도 1.5도씨 상승을 막는 일이 수많은 사람들의 목숨을 구하는 일이라는 것을 알기에, 절대로 포기하지 않을 거라고 했다. 타인의 고통에 공감하고 용감하게 현실을 마주하며 불의한 세상 앞에 씩씩하게 맞서는 것이 사람이다. 사람은 그런 존재다. 그레타는 그 일을 해내고 있는 나와 다르지 않은 작은 사람이다.

나는 한 번씩 농담으로라도 "10년 안에 세상 망한다는데 뭘" 하고 말하는 사람들이 있으면 가만히 있지 않는다. "제가 안 망하게 할 거예요" 하고 감히 말한다. 나는 지구에 사랑하는 것들이 하도 많아서 그 모든 것들이 멸종하도록 손 놓고 있고 싶지 않다. 우리가 망하는 순간은 고귀한 영혼을 놓아버리는 순간이다. 의지를 놓아버리는 순간이다. 만약 당신이 고귀한 영혼을 이미 놓았다면 망한 것이나 다름없다. 그러나 세상은 당신이 그렇게 쉽게 망하도록 내버려두지 않는다. 사람은 오롯이 혼자로만 존재하지 않기 때문이다. 지구 위의 암석과 대기, 숲과 바다,

생물과 무생물, 온 존재의 에너지가 지금 당신이 거기에서 숨 쉬도록 떠받치고 있다. 지금 이 순간에도 당신이 발 딛고 있는 지구를 위해 보이지 않는 곳에서 땀을 뻘뻘 흘리고 있는 사람들이 있다. 그레타는 바로 당신을 위해 배를 타고 험한 8월의 대서양을 건넌다. 그러니까 세상이 망할 거라는 말, 농담으로라도 쉽게 하지 않았으면 좋겠다. 그레타는 지난 5월 타임지 인터뷰에서 이런 말을 한 적이 있다.

"나이가 들어서 돌아보았을 때, 할 수 있는 모든 것을 했다고 말할 수 있기를 바라요."

기후위기를 막을 수 있는 12년

조천호

오늘날 문명은 우리에게 힘과 부를 가져다주는 화석연료에 기
반을 두고 있다. 다른 연료와 비교할 수 없을 만큼 에너지 밀도
가 높은 화석연료는 전 세계 에너지 소비의 80퍼센트 이상을
담당한다. 하지만 아무 제약 없는 화석연료 사용이 계속 진행될
수는 없다. 화석연료의 종말이 고갈로 닥쳐오는 게 아니라, 온
실가스 배출로 기후위기가 일어나기 때문이다.

조천호 대기과학자. 기후위기를 다룬 책 『파란 하늘, 빨간 지구』를 썼다. '변화를 꿈꾸는 과학
기술인 네트워크'(ESC)에서 활동하고 있다.

2015년 파리 기후협약에서는 산업혁명 이후 지구 평균기온 상 승을 2도씨 아래로 유지하기로 했다. 2도를 넘으면 기후 시스 템은 회복력을 상실하기 때문이다. 기온 상승이 클수록 기후 시 스템은 불안정하고 돌이킬 수 없는 변화를 유발할 위험이 커 진다. 이 경우 세계의 많은 지역이 거주할 수 없는 수준까지 붕 괴할 위험에 처한다.

2도를 넘지 않으려면 2020년경 세계 배출량이 최고조에 도달 한 이후, 2045년에는 그 절반 정도로 감소시키고 2075년에는 인간 활동으로 배출하는 탄소량이 인위적으로 저감하는 탄소 량과 균형을 이루는 '순 제로'net zero에 도달해야 한다. 하지만 파 리협약에 따른 각국의 현재 저감 계획이 완전히 이행된다고 해 도 이번 세기말에 기온 상승은 3도에 달할 것으로 예상한다. 이 기온 상승의 절반인 1.5도에서도 위기가 찾아올 수 있다.

2018년 인천 송도에서 열렸던 기후변화에 관한 정부 간 협의체 IPCC 제48차 총회에서 '1.5도 온난화'가 채택됐다. 이 보고서에 서 지구온난화가 1.5도 이상이 되면 전 세계적으로 심각한 위 험이 발생할 것이라고 보았다. 1.5도 이내로 억제하기 위해서는 2030년까지 온실가스 배출량을 2010년 대비 45퍼센트로 줄여 야 하고, 2050년까지 인간 활동으로 발생하는 배출량이 순 제로에 도달해야 한다고 밝혔다.

산업화 이전 수준보다 지금 이미 1도 더 따뜻하다. 현재 이산화탄소 배출 추세라면 1.5도 이하로 유지할 수 있는 시간은 12년밖에 남지 않았다. IPCC 1.5도 온난화 보고서에 따르면, 1.5도로 제한할 수 있는 확률이 67퍼센트인 경우 약 420 이산화탄소 기가 톤(1기가 톤이 10억 톤), 그리고 50퍼센트 확률로는 약 580기가 톤의 사용할 수 있는 탄소량이 남아 있다. 현재 세계 배출량은 연간 약 42기가 톤이다. 이 배출 속도가 지속된다면, 사용할 수 있는 탄소량이 67퍼센트 확률에서는 10년, 그리고 50퍼센트 확률에서는 14년 후에 소진된다. 그러므로 기후위기를 막을 수 있는 시간은 평균 12년이다.

아이들은 그들의 할머니와 할아버지보다 훨씬 작은 탄소 발자국을 남겨야 한다. 허용 가능한 탄소 배출량이 이미 대부분 소진되었기 때문에, 아이들에게 평생 허용되는 배출량은 이전 세대 배출량의 일부에 불과하다. 옥스퍼드 대학 벤 칼데콧 박사와 『카본브리프』*는 태어난 해에 따라 평생 배출할 수 있는 탄소

---

* 『카본브리프』(carbon Brief)는 영국에 기반을 두고 있는 기후과학, 기후 및 에너지 정책에 관한 뉴스와 정보를 제공하는 인터넷 매체.

량을 산출했다. 온난화가 2도로 제한되면, 2017년에 태어난 사람이 평생 배출할 수 있는 탄소량은 122톤으로, 1950년 출생한 사람이 배출한 탄소량의 3분의 1에 불과하다. 온난화가 1.5도로 제한되면, 2017년에 태어난 사람이 배출할 수 있는 탄소량은 43톤이므로, 1950년 출생한 사람이 배출한 탄소량의 8분의 1만 배출할 수 있다.

청소년 기후파업Climate Strike에 참여한 어린이와 청소년(1997~2012년생)은 베이비붐 세대인 조부모(1946~1964년생)의 탄소배출량에 견주어 그 6분의 1만을 배출할 수 있다. 지금 아이들은 지구온난화를 거의 일으키지 않으면서 살아야 하는 것이다. 이는 아이들 세대가, 이전 세대가 누렸던 배출량의 사치를 누릴 수 없음을 의미한다. 또한 온실가스는 배출 후 수백 년 동안 대기 중에 남아 있으므로 아이들 세대는 이전 세대가 배출한 온실가스로 인한 기후위험을 고스란히 겪어내야 한다. 그런데도 제대로 된 탄소 저감 조치를 아직 취하지 않아, 뜨거운 불을 끄는 수단이 작동하기 전에 뜨거움이 증폭되는 세상으로 하루하루 진입하고 있다. 오늘의 권력을 가진 사람들이, 오늘을 위해 내일을 희생하고 있는 것이다.

지구온난화 1.5도 이내 목표를 달성하려면 배출량은 지금 즉시

극적으로 감소해야 한다. 현재 모든 화석연료 인프라(발전소, 차량 등)가 수명이 다하면 탄소 순 제로인 대안 인프라로 교체해야 한다. 2050년 이후 배출량을 순 제로로 하려면, 온실가스를 전혀 배출하지 않을 수는 없기 때문에 배출한 만큼 이미 배출돼 공기 중에 떠다니는 온실가스를 흡수·제거하는 기술이 필요하다. 이번 세기말에 오늘날 배출량의 약 3분의 1에 해당하는 탄소를 인위적으로 대기에서 제거해야 하기 때문이다.

이미 우리는 여러 해 전부터 배출량을 급격히 감소시켰어야 했다. 저감 행동에 나서지 않아서 발생하는 비용이, 행동에 나서는 비용보다 훨씬 많이 든다. 그리고 해가 갈수록 그 격차가 커지고 있다. 몇 십 년 전까지만 해도 시간은 우리 편이었다. 이산화탄소 배출량을 그 당시에 감소시켰더라면, 지금 우리가 감소해야 하는 배출량은 훨씬 적을 것이다. 하지만 우리는 과학을 무시했고, 우리 앞에 놓였던 합리적인 선택을 외면했다. 그 결과, 우리는 이미 대가를 치르고 있다. 시간이 더는 우리 편이 아닌 것이다.

이산화탄소 감축을 2000년부터 수행했다면 매년 약 4퍼센트씩 배출량을 줄이면 되지만, 2019년부터 감축을 하게 되면 매년 18퍼센트씩 줄여야 2050년에 배출량이 순 제로가 된다. 최악의 경제위기였던 1929년 대공황 직후, 미국에서 몇 년간 연속적인 산업 위축으로 연간 10퍼센트가 넘는 탄소 배출량이 감축되었다. 즉, 기후위기를 막으려면 대공황 정도의 경제적 충격을 각오해야 한다.

주요 에너지 기업들은 우리가 사용할 수 있는 것보다 더 많은 화석연료가 어디에 저장되어 있다는 것을 이미 알고 있다. 땅속에 묻혀 있는 대부분의 화석연료는 땅속에 그대로 보관해야 한다. 풍부한 음식을 옆에 두고 스스로 배고픔을 참을 수 있을까? 기후위기 대응은 인류가 스스로 욕망을 제어할 수 있는가의 문제이기도 하다. 석기시대에 돌이 부족해서 청동기 시대로 진입한 것이 아니다. 이처럼 온실가스 저감은 화석연료가 부족해서가 아니라, 인류가 지속하기 위해 선택해야 하는 길이다.

"12년 남아 있다"는 것은 위기를 막기 위한 시간이 충분히 있다는 것을 의미하지 않는다. 12년 안에 산업 기반과 생활 양식 모두를 인류 역사상 전례 없는 속도와 크기로 대전환Great Transformation해야만 가능하다. 이는 미국이 2차 세계대전 참전으로 짧은 기간 안에 전체 산업구조를 바꾼 것과 같은 전환을 전 세계적으로 이루어야 달성할 수 있다. 지금 당장 기후위기 대응을 위한 전 세계적인 '전시 체제'에 들어가야 한다. 이때 기후위기를 일으킨 책임 정도가 나라 또는 개인마다 다르기에 문제 해결을 위한 책임을 배분하는 과정에서 인간 또는 인류라고 뭉뚱그려서는 안 된다. 어느 나라 누가 얼마만큼의 책임이 있는지를 따져야 한다.

2019년 12월, 칠레 산티아고에서 열릴 기후변화협약 25차 당사국 총회COP25에서 획기적인 탄소 감축 계획을 다룰 예정이다. 2020년 말 영국에서 열리는 26차 총회에서는 배출 가능한 총량에 맞춘 국가별 할당이 주요 안건이 될 가능성이 높다. 국가별 이해관계가 첨예한 가운데, 국제적인 합의가 과연 가능할 것인가. 그것은 결국 국제사회의 정의로움과 집단 이성에 대한 신뢰에 달려 있다.

'청소년인데도' 아니라, '청소년이라서'

기후를 위한 등교 거부 시위

김도현, 김서경, 김유진

청소년의 사회 참여, 참정권, 선거 연령 하향, 청소년도 시민
이다…… 언제부터 이런 이야기를 해왔을까? 한 가지 확실한
건, 우린 이 이야기를 너무 오랫동안 했다는 사실이다. 그럼에

김도현·김서경·김유진 학교에 다니고 있는 10대 청소년으로서 '청소년 기후소송단'에 참여하고 있다. 스스로의 삶에서 기후위기를 인식하고, 현재를 살아가는 당사자로서 자기 자신과 자신이 대변하고자 하는 모두를 위하여, 정부에 '1.5도' 약속이행 촉구, 사회 전반의 시스템 전환, 지역과 세대 간의 불평등 해소를 위해 기후행동(Climate Strike, 2019년 3월 15일, 5월 24일)을 조직했다. 오는 9월 27일 등교 거부 시위(School Strike)를 조직하고 있으며, 정부를 상대로 한 기후소송도 준비하고 있다. 기후행동의 요구사항은 "2050 탄소 제로, 신규 석탄 발전 중단, 2050 재생에너지 100퍼센트로 전환" 등이다. 이 글은 2019년 7월 26일, 『프레시안』에 기고한 것을 재수록한 것이다.

도 우리가 다시 한 번 이야기를 하는 이유는, 여전히 아무것도 변하지 않았기 때문이다. 변하지 않는 일상 속에서, 우리는 아직도 현실의 유쾌한 전복을 꿈꾸는 청소년이다.

지난 3월 15일과 5월 24일, 기후변화를 위기로 인식하고 제대로 대응할 것을 촉구하는 청소년들의 목소리가 광화문에 울려 퍼졌다. 이 두 번의 집회는 스웨덴 소녀 그레타 툰베리의 등교 거부 1인 시위에서 촉발되어 이제는 전 세계적으로 퍼진 청소년 기후파업 운동의 일환으로 이루어졌다. 우리는 '청소년 기후소송단'으로서 이런 활동을 하고 있다. 청소년 기후소송단의 최종 목표는 소송을 통해, 기후변화라는 범지구적인 문제에 무책임하게 두 손 놓고 있는 정부와 기업들의 책임을 묻는 것이다.

나이가 어리다는 이유로

기후소송을 수단으로 두고 있지만, 청소년 기후소송단의 궁극적인 목적은 정부가 기후위기를 심각하게 인식하여 실질적인 대책을 만들고 또 개선하도록 하는 것이다. 정부를 움직이려면, 기후위기에 대한 시민들의 인식이 무엇보다 중요하기에, 청소년 기후소송단은 일반 시민을 대상으로 기후변화 이슈를 알리는 일도 해나가고 있다. 하지만 민주주의 국가에서 선거권이나 정치적 활동을 할 권리가 없다는 것은 곧 사회적 존재로서의 가치가 없다는 뜻. 그래서 우리의 목소리는 종종 묻혀버리곤 한다.

3월과 5월, 청소년 기후소송단이 주최한 시위는 언론의 관심을 받기도 했지만 딱 그때뿐이었다. 우리는 "청소년들이 사회를 향해 목소리를 낸다"는 흐뭇한 풍경으로 소비될 뿐, 정작 그 목소리가 담고 있는 내용에 귀를 기울이는 사람, 청소년을 동등한 시민으로 지지하고 함께 서주는 사람은 없다. 우리의 환경운동을 두고 학창 시절에 해보는 하나의 좋은 경험이나 활동으로 치부해 버리는 어른들도 많다. 나이가 어리다는 이유로 과소평가되는 경험은 불쾌한 무력감을 자아냈다.

학교도 별반 다를 바는 없다. 학교 일과가 끝나도 야간자율학습과 학원 수업이 이어지는 하루하루. 청소년 기후소송단 활동에 아무리 애정이 있어도 시험 기간에는 모든 에너지와 시간을 시험공부에 쏟게 된다. 학생들의 사회참여를 장려하고, 참여권을 보장해야 할 공교육이 오히려 그것을 가로막고 있다는 느낌이 종종 들 때가 있다.

전 세계 청소년들이 '기후를 위한 학교파업'School Strike for Climate
에 참가하기 위해 금요일마다 학교를 빠지고 거리로 나오고 있
지만, 한국의 경쟁적인 교육 환경에서는 쉽지 않은 일이다. 당
장 청소년 기후소송단 멤버들만 해도, 시위 참가를 결석 사유로
인정받지 못해서 담임선생님의 눈치를 보며 허락을 구하거나
가족 여행이라는 명목으로 현장체험 학습서를 내야 했던 경험
이 흔하다.

기후변화는 모두의 문제다

우리가 청소년 기후소송단에 함께하게 된 개인적인 계기는 저
마다 조금씩 다르지만, 모두를 가로지르는 정서는 절박함이
었다. 우리가 직면한 기후위기가 너무나 분명함에도 안일한 태
도로 한참 뒤떨어진 대책을 고수하는 우리나라에 충격을 받
았다. 변화를 요구하고 싶었지만 각자의 목소리를 사회에 알릴
창구가 없었다. 기존 환경단체들 대부분의 활동은 성인들을 대
상으로 하는 경우가 많고, 아무리 그 문제에 관심이 있더라도
청소년이 거기에 선뜻 끼기에는 쉽지 않다. 이는 청소년이 주축
이 되어 활동하는 청소년 기후소송단이 만들어진 이유 중 하나
이기도 하다.

기후변화는 지금도 그렇지만 앞으로도 우리 모두의 삶에 갈수록 더 치명적인 영향을 미칠 것이다. 그렇기에 기후변화에 대응함으로써 우리의 생존권을 보장하라는 것은 나이에 관계없이 누구나 할 수 있는 기본적인 요구여야 한다. 지극히 당연한 사실처럼 들리지만 현재를 살아가는 청소년들은 이 기본적인 권리조차 부정당한다.

청소년 기후소송단은 '청소년인데도' 활동하는 것이 아니라 '청소년이라서' 활동하는 것이다. 우리의 목소리로 이 사회에 유의미한 변화가 생길 때까지, 우리는 계속 행동할 작정이다. 예나 지금이나 청소년들은 사회의 일원으로서 가치를 증명해왔다. 청소년들의 사회적 행동이 더 이상 예외적인 사건으로 치부되지 않았으면 좋겠다. 미래세대를 위해 무언가를 해주겠다고 어른들만 나설 것이 아니라, 우리 청소년들이 동료 시민으로서 의사 결정에 함께할 수 있는 권리를 보장하기를 바란다.

우리는 너무 많은 시간, 너무 오랫동안 변하지 않는 세상을 보고 있다. 변하지 않는 세상에서 변화를 원하는 사람들은 지쳐간다. 우리는 대체 무엇을 얼마나 더 해야 하는가. 우리의 목소리를 듣는 사람은 누구인가.

좀 더 솔직해져야 합니다

박진미

서울에서 지낸 지 4개월이 되었다. 이전에 지방에서는 기후변화를 같이 공부하고 싶어도 그런 또래들을 만나는 게 쉽지 않았다. 여기 와서 기후와 에너지 이슈, 세대와 지역 간 불평등, 기후정의, 사회전환 등에 관한 비슷한 공감대를 가지고 있는 친구들을 만났다. 이들과 당사자의 목소리로 직접 행동하자는 마음이 맞아 '기후결의'라는 이름을 만들어 활동을 시작했고, 우리

박진미 에너지정책 전환을 위한 지방정부협의회 사무국에서 일하면서, 동료 청년들과 함께 '기후결의'라는 그룹을 운영하고 있다. 석탄 투자에 대한 대응으로 시작한 '기후결의'에서 특히 탄소해방, 사회시스템 전환, 당사자 운동에 중심을 두고 활동 중이다. 청년의 정체성과 사회적 의사결정 구조에 관심이 많다.

는 기후위기의 우울과 무기력 속에서 서로에게 동료가 되었다.

최근 나는 '청년'이라는 타이틀로 30년 후 우리 사회의 비전과 전략을 제시하는 워킹그룹에 참여하게 되었다. 회의에 나갈 때마다 기후위기 앞에서도 여전히 "할 수 있는 만큼만 하자"고 하는 기득권 세대를 보았다. 고착화되어 있는 사회구조 속에서 지금 당장 위기에 근본적으로 대응하고 탄소 배출을 과감하게 줄이자고 말하는 것은 현실에서 일어날 수 없는 불가능한 일처럼 치부되었다. 회의를 다녀올 때마다 전문가들 틈에서 좀 더 과감한 목소리를 내지 못했던 나 자신의 자존감은 바닥을 쳤다. 회의장에서 느껴지는 '보이지 않는 벽' 앞에 무기력했다. 지금까지 해온 방식에서 만들어내는 변화가 그들과 그들을 지탱하는 조직에는 큰 변화일지도 모르겠다. 하지만 30년 뒤를 여전히 살아갈 우리 당사자로서, "할 수 있는 만큼만 하"는 것은 충분하지 않다고 생각한다. 생존을 위한 전환은 지금 당장 시작해야만 할 것이다.

우리 사회는 어디로 가고 있는가. 앞으로 어떤 사회가 되길 꿈꾸고 있는 것일까. 개인의 삶 속에서, 혹은 조직의 차원에서 바라는 미래가 있을 것이다. 나아가 국가적인 차원에서 제시되는 비전도 있을 것이다. 그러나 이런 꿈과 희망찬 미래들은 기후위기 앞에서 다 소용없는 것이 될지도 모르겠다. 비극적으로 들리겠지만, 현실이 그렇다고 한다. 과학자들이 지구가 감당할 수 있는 탄소 농도를 계산했는데, 전 지구적으로 배출할 수 있는 탄소가 얼마 남지 않았다고 한다. 과학자들은 그 결과에 대해 최대한 객관성을 지키고자 건조하게 수치와 그래프로 세상에 전달한다. 하지만 우리는 그것을 엄중한 경고로 받아들여야 한다. 그것은 기후재앙에 대한 경고이고, 지금이 기후위기 시대임을 인정하고 적극적으로 대응해야 한다는 의미로서 받아들여야 한다. 살림을 꾸려가기 위해 지금 돈을 얼마나 쓸 수 있는지 재정 전망을 하듯, 배출할 수 있는 탄소의 양을 전망해보자면 전 지구상에 허용된 탄소예산은 얼마 남지 않은 것이다.

전 지구적으로 탄소예산이 얼마 남지 않았다면, 그건 우리나라도 마찬가지다. 아쉽게도 탄소예산과 관련한 이슈를 일상에서 접해본 적이 없으니 이것이 지구를 향한 '시한부 선고'라는 것을 대부분 잘 모를 것이다. 정말로 위기라면 당장 위기에 대응하는 것이 마땅하다. 그러나 아무도 위기를 위기라고 말하지 않고 있다. 기후 시스템은 탄소 배출의 결과를 현재 동시다발적으로 보여주고 있다. 우리는 이미 기사나 일기예보를 통해 탄소 배출의 결과들을 현상으로서 접하고 있지 않은가. 우리나라에도 매년 여름, 신기록을 갱신하는 더위가 찾아온다. 한여름 대낮에 조금만 걸어도 머리가 어질어질하고 숨이 벅차다. 모두가 정도는 다르겠지만 예전과 다르다는 것을 이미 체감하고 있을 것이다. 땡볕 아래에서 사람들이 일하다가 쓰러지거나 사망했다는 소식을 뉴스에서 듣는다. 그런데도 이것이 기후위기 때문이라는 분석은 어디에서도 들을 수 없다.

좀 더 적극적으로 기후위기 때문이라고 말해야 한다. 하지만 지금은 아무도 말하지 않고 있다. 정부도, 언론도, 연구기관도. 나름의 대응책으로 정부는 국가 차원에서 짧게는 5년, 길게는 30년을 내다보며 기후와 에너지계획을 수립해오고 있다. 하지만 애써 만든 국가계획이 존재한다는 것은 직접적인 이해관계자가 아니면 잘 모른다. 설령 안다고 하더라도 계획서의 텍스트를 제대로 이해하기가 쉽지 않다. 스터디가 필요할 정도로 어려운 단어들이 많다. 무슨 말인지 알기도 어려운 것을 일반 국민들이 잘 만들었는지 평가하고 지지할 수 있을까. 국가가 제시한 목표가 현재의 기후위기에 대응하는 데 충분한지 따져보는 것은 불가능하다. 위기의 심각성을 알려야 하는 자들이 그 위기의 실상을 알아채기 어렵게 만들고, 오히려 위기 상황을 방관하는 게 아닐까.

누구를 위한 목표인가. 누구를 대변하는 것인가. 일부 정책전문가들끼리 폐쇄적으로 모여 결정한 사안들, 심지어 제대로 잘 만들어진 것인지 파악하기도 힘든 계획들은 도대체 누구를 위해 만들어진 것일까. 그 계획에서 그리는 사회는 누구를 위한 것이고 누구를 대변하는 것일까. 여러 국가계획들을 모아놓고 봤을 때 그려지는 사회는 앞으로 살아갈 당사자들의 일상을 위한 것이긴 한 걸까. 당사자들에게 어떤 미래를 위해 살아가고 꿈꾸는지 묻기는 했는가. 일부 전문가들의 선택이 앞으로 살아갈 날들이 많은 우리들의 일상을 결정짓는 방식, 이건 아니다 싶다.

잃을 것이 없는가. "할 수 있는 만큼"의 적당한 목표를 세우고 현재의 위기를 똑바로 보지 못하게 하는 그들에게 묻고 싶다. 위기와 재앙 앞에서 당신들은 잃을 것이 없는가. 탄소를 내뿜는 석탄발전소는 지금 당장 가동을 중지해야 할 상황인데도, 정부는 신규 석탄발전소 건설을 허용함으로써 오히려 위기 대응에 역행하고 있다. 마치 앞으로 닥칠 문제들은 아무런 위협이 되지 않는 양 말이다. 아쉽게도 이런 정책적인 결정에 우리는 전혀 개입할 수 없다. 그리고 관심을 가지지 않는다면, 이러한 현실에 대해 제대로 파악하는 것조차 어렵다. 관심이 있든 없든 미래를 살아갈 세대들이 나중에 직면해야 하는 것들에 대해 정책결정자들은 진실을 말해주지 않는다. 현재의 선택이 어떤 미래를 가져다줄지 제대로 알지 못한 채, 개인이 열심히 노력하면 희망적인 미래를 꿈꿀 수 있다고 말하는 상황은 씁쓸하기만 하다. 적어도 앞으로 살아갈 날이 훨씬 많은 우리들은 잃을 게 많은데 말이다. 나중에 우리는 얼마나 큰 원망을 하게 될까.

복잡할 것이 없다. 위기에 제대로 대응할 수 있는 사회의 목표를 세우고, 이에 맞는 정책을 추진하면 된다. 정책적 의지를 가지고 기후위기를 선언한다면, 모든 정책 수립의 전제는 기후위기가 되어야 할 것이다. 탄소 배출을 계속 허용하는 구조를 만들고 거기에 동참하는 것은 지금 닥친 위기 앞에서 변명의 여지가 없는 잘못이다. 기후위기를 인정한다면, 우리 사회의 방향과 비전은 명백하다. 탄소 배출을 줄여나가야 한다. 탄소예산이라는 개념을 생각해보면 줄여나가는 속도는 매우 빨라야 할 것이다.

그러기 위해서 좀 더 솔직해져야 한다. 위기를 마주하고 무엇이 두려운지 이야기해야 한다. 숨기지 말고 드러내서 지금 당장 무엇이 필요한지 이야기하기 시작해야 한다. 탄소사회에서 벗어나기 위해, 탄소 배출을 하지 않겠다는 목표를 선언하고, 그에 합당한 필사적인 노력을 해야 할 것이다. 그간 한국 사회는 그리 솔직하지 않았다고 생각한다. 여러 비극적인 사례들을 보면, 사회에서 많은 것들이 은폐되고 적극적으로 알려지지 않았다. 숨기고 싶어하는 자들이 있었고, 이로 인해 고통 받는 자들이 있었다. 그 누구도 고통 받고 싶지 않을 것이다. 나와 내 또래들이 꿈꾸는 사회는 더 이상 그런 사회가 아닐 것이다. 문제를 똑바로 직시하고 난관을 부딪혀가며 해결함으로써 앞으로 한 발짝 나아갈 수 있는 사회가 되길 바랄 것이다.

나의 이야기를 하자. 기후위기에 대응하고 논의를 진전시키기 위해서는 많은 사람들의 목소리가 모여 지금 당장 필요한 것들을 요구할 수 있어야 할 것이다. 각자 자신의 정체성을 드러내어 스스로 기후위기에 대한 문제의식이 나의 일상의 어느 곳에 있는지 이야기했으면 좋겠다. 기후위기, 그 공포감과 무력감을 느끼는 건 나뿐만이 아니라는 것을 발견하고, 서로 연대하여 움직임을 만들어갔으면 좋겠다. 그리고 나의 목소리로 당당하게 요구해야 한다. "할 수 있는 만큼만 하"는 시점은 지났으니 그런 안이한 대응은 그만하자고.

이제 진짜 변화를 만들어내야 하는 타이밍이다. 기후위기는 미래세대의 문제가 아니라 지금을 살아가는 모두에게 닥친 현재의 문제이기 때문이다. 흔히 말하는 '미래세대'들의 목소리를 빌리는 것이 아니다. 지금 당장 자신의 목소리로 이야기해서 변화를 만들어가야만 한다. 청(소)년들에게 너희들의 미래이니, 너희가 더 적극적으로 발언해야 한다가 아니길 바란다. 지금 나의 단어로, 나의 이야기로 위기를 말하자. 나와 내 또래 동료들뿐만 아니라 당신과 우리 모두에게 당장 닥친 일이라는 것을 강조하고 싶다. 일상에 스며든 위기감 속에서 각자가 할 수 있는 것이 분명 있을 것이다. 오랜 기간 사회에 고착화된 구조 속에서, 오늘을 살아가는 주체들이 생각하는 만큼 수동적인 존재가 아니라는 것을 보여주자. **기후위기를 인정하지 않고 제대로 마주하지 않으려고 하는 자들을 흔들어보자.**

기후위기, 여성의 경험과 관점이 중요하다

김양희

옛날 어머니들은 나물 데친 물, 빨래 삶은 물을 내버릴 때에도 "얘들아, 뜨건 물 나간다!" 하셨다고 한다. 눈에 보이지 않는 미물들도 준비하라고 경고를 하신 것이다. 그런 생명 감수성은 어디로 사라졌을까?

김양희 사회심리학자. (사)여성환경연대 공동대표. 숲을 사랑하고, 여성주의와 생태주의를 연결하는 데 관심이 있다.

노먼 마이어즈에 따르면 우리는 "약 40억 년 전 지구에 최초로
생명이 명멸한 이래 생명체의 풍부함과 다양성에 가장 큰 퇴
보를 초래할 수 있는 '발작적인 멸종'을 초래하고 있다." 인간
은 지구상에 서식하는 수많은 생물종의 하나이다. 이 사실을 망
각한 인간은 인간의 욕심을 위해 생명체의 공동 서식지인 자연
을 야만적으로 착취하고 자원을 낭비해왔다. 댐을 건설하여 강
을 파괴했고, 화학비료와 살충제와 제초제로 흙을 죽였다. 쏟아
져 나오는 상품들은 엄청난 쓰레기로 남게 되고, 오늘날 우리는
우리가 만든 쓰레기를 제대로 처리하지 못하는 무능을 보이고
있다.

인간의 오만함과 탐욕이 기후위기를 가져왔다. 그럼에도 우리
는 산업발전이 삶을 풍요롭게 만들 것이라는 신화에 중독되어
파국으로 치닫는 열차에서 내리지 못하고 있다. 그 결과 인간
의 생존도 위협받고 있다. 이제까지 기술에서 해결책을 찾을 수
있다고 기대한 것은 "치명적인 실수"였다. 기후위기를 해결하
려면 인간의 생각과 행동을 바꿔야 한다. 그럼에도 국내에서 기
후변화를 다루는 세미나나 컨퍼런스에 가면 산업 및 에너지 기
술, 정책 얘기뿐이지 발전 패러다임과 삶의 양식의 근본적인 전

환을 위한 고민은 보이지 않는다.

그러나 여성들은 삶의 현장에서 생명공동체를 회복하기 위한
노력을 기울이고 있다. 전통사회에서 여성들은 대대로 씨앗을
지키고 물려주었다. 지금도 농촌의 자치와 자립 공동체에서 소
농을 기반으로 토종씨앗을 지키는 여성들이 있다. 전국의 에
너지자립마을에서는 여성들이 주민과 함께 새로운 실험을 하
면서 지속가능한 삶으로의 변화를 이끄는 리더십을 발휘하고
있다. 기후여정에 참여했던 한 활동가는 그 여성들을 만나면서,
또 "생명에는 타협이 없다"라고 단언하고 끈기 있게 탈핵운동
을 지속하는 여성들을 만나면서 희망을 보았다고 했다. 여성들
은 "기후위기라는 자칫 추상적이고 모호할 수 있는 현상을 생
존의 절박한 문제로 보고, 풀뿌리 삶 속에서 대안을 만들어가
고" 있다.

국제사회와 달리 국내에서는 기후위기와 여성의 관련성이 주
목을 받지 못하고 있다. 일부 제한된 공간과 지면에서 기후위기
와 여성의 문제가 제기된 적은 있지만 제도권에서 개최한 기후
변화(위기) 관련 세미나나 컨퍼런스에서 여성 또는 젠더 이슈를
논의하는 것을 본 적이 없다. 현재 시행 중인 '제2차 국가기후
변화적응대책(2016~2020)' 어디를 봐도 '여성'을 언급하지 않

는다. 국내 기후위기 전문가들이 성별 관련성에 무지하거나 관심이 낮음을 암시한다. 기후위기에 관한 논의가, 여성의 진출이 낮은 분야인 에너지/산업 기술과 정책의 측면에서, 주로 남성 전문가나 고위 관료들에 의해 전개되어온 탓도 있을 것이다.

기후위기는 여성에게 더 큰 영향을 미친다

기후위기의 부정적인 영향은 빈곤인구의 70퍼센트를 이루는 여성에게 더 클 것으로 예측된다. 대부분의 사회에서 여성은 남성에 비해 더 빈곤하고 사회적·경제적 지위도 낮다. 그렇기 때문에 기후위기에 대처하는 데 필요한 정보나 교육 기회, 시간, 경제력 등의 접근성에서 불리하다. 이는 기후위기의 부정적 영향을 최소화하기 위해 무엇인가를 할 수 있는 능력, 즉 '적응'의 측면에서도 불리할 수 있음을 뜻한다.

우선 농업의 측면에서 보면, 기후변화로 인해 토양침식과 유실, 가뭄과 물 부족 등이 따르고 농작물 재배선이 변화하는 등 큰 영향을 받는다. 국내 농업노동의 53퍼센트를 여성이 담당하고 있다. 여성농업인들은 연로하고 기술과 자원이 부족한 경우가 많기 때문에 기후변화에 적응하기 더 어려울 수 있다. 농사를 짓는 것이 어려워질 경우에 다른 직업으로 전환하는 것도 여성이 남성보다 더 어렵다. 일반인의 입장에서도 흉작으로 식량 가격이 폭등하면 대부분의 가정에서 먹거리를 조달하는 여성의 고통이 더 클 것이다.

보건 측면에서는 기후변화로 인해 폭염과 대기오염이 심해지고 해충이나 전염병, 풍토병이 창궐할 수 있다. 전염성 질병은 임신 중인 여성에게 특히 더 치명적이다. 예를 들어, 말라리아는 유산, 조산, 사산 가능성을 높인다. 기후변화는 소녀들의 천식, 중년여성의 폐암과 심장 질환, 여성노인의 심장마비와 뇌졸중, 치매 등과 연관이 있다는 증거도 있다. 특히 폭염은 임산부의 조산이나 저체중아 출산, 사산 등의 위험을 높인다.* 국내에서 2018년 8월 보도된 국민건강보험공단의 의료정보 빅데이터에 따르면, 폭염 관련 질환으로 병원을 찾은 환자 중 여성(53.5퍼센트)이 남성(46.5퍼센트)보다 많았으며, 60대 이상 질환자만 보았을 때에도 여성이 56.6퍼센트, 남성이 43.4퍼센트로 여성의 비율이 더 높았다.** 2003년 유럽에서는 사상 최고의 폭염으로 7만 명이 사망했는데, 여성의 사망률이 남성보다 높

---

* https://www.climaterealityproject.org/blog/how-climate-change-affecting-women
** 연합뉴스, 2018. 8. 2. "올해 폭염질환자 2만 명 넘을 듯…노인·소아·여성 취약".

았다. 프랑스에서는 8월 1일부터 20일까지 15,000명 이상이 사망했고, 여성의 폭염 사망률은 70퍼센트로 남성의 40퍼센트에 비해 더 높았다.* 또한 대부분의 가구에서 가족의 위생과 건강을 관리하는 역할을 맡는 이는 주로 여성이기 때문에 기후변화가 보건에 미치는 영향은 여성에게 더 크게 경험될 것이다.

이미 지구촌 곳곳에서 기후재난과 기후난민이 발생하고 있다. 동남아시아 쓰나미와 같은 자연재해로 인한 여성과 어린이의 사망률은 남성의 14배나 높다고 한다. 여성의 기본적인 인권조차 보장되지 않는 나라에서는 여성이 수영을 배우지 못하고 이동권이 제한된다. 기후난민의 80퍼센트를 이루는 여성들은 생리 등 보건 이슈에 취약하고 성폭력 등 각종 폭력에 노출된다. 그 외 물 부족이나 사막화도 여성의 삶에 더 치명적인 영향을 미친다. 특히 저개발국가에서는 식수와 연료 조달을 주로 여성이 담당하고 있다. 여성은 물을 긷거나 땔감을 구하느라 하루에 몇 시간씩 걸어야 하고, 그 때문에 경제활동을 할 수 없으며, 결과적으로 남성에게 경제적으로 의존해야 한다.

---

* http://news.bbc.co.uk/2/hi/europe/3139694.stm, Eurosurveillance, Vol.10(7-9), p154, 2005.

여성은 기후위기 적응 역량을 강화하는 교육훈련 기회에서 소외될 가능성이 높다. 아이들과 동네에 머무는 시간이 많은 주부들, 여성노인들이 자기 동네의 재난안전 인프라를 정확하게 파악하고 재난이 발생했을 때 효과적으로 대처할 수 있도록 매우 실제적인 교육이 필요하다. 위에서 언급했듯이 기후변화에 취약한 여성농업인들의 적응 역량을 높이기 위한 특화된 프로그램도 시급하다. 아울러, 기후위기에 대응하기 위한 에너지 전환에 따라 신재생에너지 분야에서 새롭게 만들어질 일자리에 여성들이 고르게 접근할 수 있어야 한다. 최근 기후위기 대응에 관한 논쟁의 핵심은 기후재정이다. 기후재정의 구조는 매우 복잡하며, 국제 공적기금과 민간기금, 카본시장 등 수많은 공적·사적 행위자가 존재한다. 문제는 이미 존재하는 성불평등이 기후재정에 대한 여성의 개입 역량을 제한할 수 있다는 점이다. 예를 들어, 여성은 토지와 같은 자산을 소유하거나 신용을 축적하지 못하여 기금에 접근하는 것이 더 어려울 수 있다. 따라서 기후 투자 및 기금에 성평등 목표를 설정하고 모니터링하는 것이 필요하다.

기후위기 관련 정책과 프로그램에 여성의 관점을 통합해야 한다

현재 국내의 기후변화와 관련한 정책 과정은 남성 중심이고 관료적이며, 그 내용도 다분히 산업기술 중심이다. 가장 기본적으로 기후위기를 다루는 녹색성장위원회*, 기후변화 적응협의회, 기후변화 적응실무협의회, 환경부의 관련 부서 등 핵심 정책 기구에 성별 균형 참여를 담보해야 한다. 젠더 거버넌스의 궁극적인 목적은 단지 성별 참여자의 숫자를 맞추려는 것이 아니라, 정책 과정 전반에 성별 가치와 관점의 균형을 이루기 위한 것이다.

기후위기의 근인은 자연을 인간의 목적에 따라 착취하고 남용할 수 있다고 보는 인간 중심의 세계관, 가부장적 자본주의와 경쟁적인 개발지상주의 등이라고 생각한다. 생태신학자이며 문화사학자 고故 토머스 베리 신부는 (생태계의 파괴를 가져온) "서구 문명의 전체 과정이 가부장제에 의해, 즉 우리 사회의 공격적이고 약탈적인 남성 지배에 의해 손상된 것"**으로 보았다. 그는 생태적 전환을 이루는 데 가부장제에 억눌렸던 자발성과

---

* 현재 위원장 2인은 모두 남성, 당연직 17명 중 여성은 5명, 민간위원 24명 중 여성은 12명.
** 토머스 베리(1988), 맹영선 옮김(2013) 『지구의 꿈』, 대화문화아카데미.

민주성, 관계성, 양육하는 성질 등이 관건이라고 보고 생태여성주의의 중요성을 강조하였다. 아인슈타인이 말했듯이 "문제의 원인이 된 사고로는 문제를 해결할 수 없다." 경제적 성장 모델 하에 기술혁신에 집착하는 기후대책으로는 한계가 있다. 새로운 가치관으로 삶의 방식을 재창조하고 실천함으로써 지속가능한 문명으로 전환을 도모하는 노력이 필요하다. 이제부터라도 기후위기와 관련한 제반 과정에 여성을 고려하고 여성적 관점을 통합해야 한다.

지구를 위한 요가

김수상

요가를 하며 알게 되었다
멀리 뻗으려면 힘을 빼야 한다는 것을

빨간 사과 한 알도
힘을 빼야 나무에 잘 매달릴 수 있고
이슬도 힘을 빼야
햇빛이 올 때까지

김수상 시인. 2013년 『시와 표현』으로 등단. 시집으로 『사랑의 뼈들』과 『편향의 곧은 나무』가 있다. 제4회 박영근작품상을 수상하였다.

오래 매달려 있을 수 있다

인간 백 년도 사과처럼 이슬처럼
이 무위의 투명한 바탕 위에 잠시 다녀갈 뿐이다
자연은 인간의 것만이 아니다
땅속 벌레와 숲속의 동물과 공중의 새와
물속을 헤엄치는 물고기들의 것이다
끝없는 욕망을 추구하는 인간의 이기심은
문명을 발전시키는 엔진이 되었지만
자연을 파괴하고 기후를 망쳐놓았다
이제는 근대 이래로 과로를 해온 욕망의 엔진을
좀 쉬게 할 때다
이윤이 있는 곳이면 물불을 가리지 않고
덤벼드는 저 자본의 힘을 빼야 할 때다

고양이는 높은 담장에서 뛰어내려도
다리를 다치지 않는다
멀리 보고 힘을 빼며 뛰어내리기 때문이다
나뭇잎과 풀잎이 세찬 바람에 무사할 수 있었던 것은
힘을 빼고 바람에 몸을 맡겼기 때문이다
인간의 삶을 나무와 사슴과 고래의 호흡에 잇대기 위해서

이제라도 문명의 힘을 빼야 한다
지금 우리의 과학과 기술은 탄소를 배출하지 않고도
이 문명을 지속적으로 발전시켜 나갈 수 있다
하지 못하는 것이 아니라 안 하는 것이다
알고도 안 하는 것이 더 나쁘다
법과 제도가 있는데도 그것을 지키지 않는다면
시스템을 근본적으로 바꿔야 한다
기후변화를 막을 시스템을 만들기 위해 저항하고
생태의 회복을 위해 행동해야 한다

태양광 요트를 타고 대서양을 건너
기후정상회담에 참가하겠다는 툰베리의 결심은
자연에 대한 최소한의 예의이고
속도를 숭배하는 모든 힘에 대한 저항이다

세상을 보는 다른 눈이 필요한 때다
우리는 툰베리의 눈을 빌려와야 한다
이대로 가다가는 푸른 돌고래의 노래와
반짝이는 새소리를 들을 수 없을지 모른다
이 방임과 무관심이 재앙의 씨앗이 될 것이다

기후를 위해 1인 시위를 해보았는가
기후를 위해 파업을 해보았는가
기후를 위해 동맹휴업을 해보았는가
기후를 위한 법률가 모임이 있는가
기후를 위한 예술가 동맹이 있는가
기후를 위한 마을공동체가 있는가

1.5를 지키려는 툰베리의 행동은
미래를 위해 오늘의 힘을 빼는 행동이다
옛날의 기후변화는 자연이 원인이었지만
산업혁명 이후에는 인간이 주범이었다
지금의 삶을 뒤집어야만 우리는 산다

가지 밭엔 가지가
오이 밭에 오이가
고추 밭엔 고추가
뜨거운 햇볕 아래 잘도 자란다
힘을 빼고 자연에 온전히 매달렸기 때문이다

본래부터 나무랄 것 하나 없는
기후라는 무시무종의 생명의 바탕을

우리는 망가뜨리고 있다
기후가 망가지면 다 망가진다
힘을 빼며 커가는 저 생명들에게서
지혜를 얻어야 한다

툰베리가 사는 스톡홀름의 하늘과
점점 나빠져가는 우리의 하늘이
통째 한바탕으로 이어져 있다는 것을
우리는 잊지 않아야 한다
자연은 우리에게 받은 것을 반드시 되돌려준다
나쁜 것은 나쁜 것으로 돌려주고
좋은 것은 좋은 것으로 돌려준다
백 년 후에도 저 숲은 푸르고 나무는 춤출 것인가
사과는 여전히 붉게 자라고 이슬은 영롱할 것인가
낯 두꺼운 저 자본의 힘을 우리가 빼지 않는다면
망해가는 이 세상을 구할 수 없다
지금 당장 행동하고 저항해야 한다
호모 사피엔스 사피엔스!
우리가 잃을 것은 낡은 시스템이고
얻을 것은 맑은 하늘이다!

안녕? 그레타 툰베리

비자림로 숲에서 보내는 편지

그린씨

나는 제주도 비자림로 숲-1번지에 사는 그린씨라고 해요. 지난 2019년 3월 19일에 비자림로 숲으로 들어왔어요. 지금 우리가 있는 비자림로 숲은 제주에서 '아름다운 길'로 유명해서 많은 사람들의 사랑을 받았던 길이에요. 다섯 개의 오름과 천미천(제주에서 가장 긴 1등급 하천)을 품고 있는 아름다운 제주, 비자림로

그린씨 한예종 인터랙션디자인 학부 졸업, 국민대 디자인대학원 그린디자인 전공(석사). 2006년 10월부터 그린씨(GreenC)라는 이름으로 일러스트 작업을 하며 생태, 에너지, 마을 공동체, 어린이 놀 권리 등 다양한 주제의 프로젝트와 교육을 하고 있다. 현재 제주도 비자림로 숲-1번지에서 비자림로 시민모니터링단으로 활동하며, 자연의 일부로서 나, 공존하기 위한 노력, 사랑은 어떻게 해야 하나를 다시 배우고 있다. www.greenc.kr

숲이 사라지는 것에 대해 우리는 알지 못했어요. 지난해 8월, 나무들이 베어지기 전까지 말이에요.

당신이 이야기하는 기후변화는 당신의 생활 속에서 얼마나 가깝게 느껴지나요? 우리는 지난해 8월, 길을 지나다가 숲이 베어진 풍경을 목격했어요. 단 2~3일 만에 915그루가 넘는 나무들이 베어지고 쓰러졌어요. 쓰러진 나무 곁에서 우리가 할 수 있는 건, 이 숲을 지키기 위해 뭐라도 하는 것이었어요. 이렇게 점점 아름다운 제주가 사라지고 나면 우리도 살 수 없게 된다는 걸 잘 알고 있으니까요. 그렇게 기후변화는 나의 바로 옆, 가깝고 아름다운 자연이 파괴되면서 일어나더라고요.

우리는 많은 생명들이 살아가는 사랑하는 숲을 지켜야 한다고 생각했어요. 이렇게 1년여의 시간 동안 '비자림로를 지키기 위해 뭐라도 하려는 시민들'은 토론회도 해보고, 기자회견도 하고, 피케팅도 하고⋯⋯ 소통하지 않는 제주도청과 지역사회를 마주했어요. 그리고 숲을 지킬 수 있는 방법이 한 가지밖에 남지 않았다는 걸 알게 되었어요. 나무에 오르는 것, 숲으로 들어가는 것이었어요. 환경운동가 줄리아 버터플라이 힐이 쓴 책 『나무 위의 여자』에서, 나무에 올라가는 것은 마지막 수단이었다고 했는데, 우리도 같은 심경이었어요.

누군가가 나무를 보호하기 위해 그 위에 올라가는 일이 생겼다면, 그것은 우리 사회 전체가 실수를 범했다는 뜻이 된다. 다시 말해, 숲의 친구들이 법정까지 가고, 환경운동가들이 소비자들의 의식을 일깨우려고 애써왔지만 결국 아무런 성과가 없었다는 이야기이다. 기업은 기업대로 땅 소유자로서의 책임을 방기해왔고, 정부는 정부대로 법을 강화하려는 움직임을 거부했다는 뜻인 것이다. 모든 노력이 수포로 돌아갔을 때, 사람들은 나무에 오른다.

이 글을 읽고, 비자림로 숲을 지키기 위해 시민들은 함께 작은 오두막집을 옮기고 "나는 한 그루의 나무예요"라는 슬로건을 마음에 품고, 이 숲의 마지막 나무가 되려고 들어온 거예요.

우리의 이름은 '비자림로 시민모니터링단'이에요. 매일매일 페이스북에 올리는 소식을 통해 많은 시민들이 함께 숲을 기억하고 아끼며 사진으로, 영상으로, 그림으로, 아이들과 함께하는 수업으로 이야기를 나눠주고 있어요.

우리는 알게 되었어요. 많은 시민들이 이 숲을 지키고 싶어한다는 것을요. 이 숲이 사라지면 일어날 일들을 두려워하고 있다는 것을요. 우리는 이렇게 많은 숲이 사라지면, 기후변화로 인해 우리의 삶을 위기로 몰아넣을 것이라는 것을 알아요.

저는 지금 제주도
비자림로숲-1번지에 살고 있어요

제주시 대천교차로~송당방향 비자림로(1112)도로확장구간 2.94km

지금의 비자림로 숲은 멸종위기 생명들과 천연기념물 생명들이 살고 있다는 것이 밝혀지면서 잠정적으로 공사가 중단된 상태예요. 하지만 우리 사회는 부끄럽게도 그동안 해오던 대로 곧 공사를 재개할 수밖에 없다고 답해오고 있어요. 우리 사회는 이미 우리가 자연의 일부임을 잊어버린 것 같아요. 당신 생각은 어떤가요?

그레타 툰베리, "행동해야 희망이 찾아온다"는 말, 우리는 이곳에서 너무도 공감하고 있어요. 비자림로를 지나던 시민들이 희망을 나눠주고, 멀리서부터 찾아와주는 분들이 계시거든요. 그래서 우리는 "비자림로 숲을 위해 뭐든지 한다"고 말해요.

고마워요. 툰베리. 지구의 기후위기 시대를 살아가며 만나고 싶었던 우리의 자화상은 바로 당신이에요. 그리고 그 모습이 우리의 삶, 우리에게서도 발견되길 바라고 있어요.

자연의 일부인 우리가 부끄럽지 않기 위해, 이 숲에 깃든 생명들에게 부끄럽지 않기 위해, 그리고 다음 세대들을 위해 비자림로 숲을 지켜나갈게요. 그리고 우리들 모두가 지구공동체이며, 연결되어있음을 잊지 않을게요.

오늘도 내일도 비자림로 숲에서 발로 땅을 쿵쿵 두드리며, 당신이 있는 그곳에 우리의 사랑이 톡톡 가 닿기를 바랍니다.

다음은 '비자림로 숲으로 들어가기로 한 날, 2019년 3월 19일 나의 선언문'이에요.

©그린씨

반성도 성찰도 없는 잔인한 시대

저는 이 시대를 살아가는 한 명의 시민이자, 먼저 걸어온 사람 (교육자), 그리고 그린디자이너로서 비자림로 삼나무 숲의 나무들 사이로 들어갑니다.

지구에서밖에 살 수 없는 우리는 바다를 오염시키고 숲을 베는 일을 이제 그만 멈춰야 합니다. 우리에게 무엇보다 중요한 것은 다음 세대에게 맑은 공기와 깨끗한 물, 그리고 아름다운 풍경을 남겨주는 것입니다. 그리고 그것은 우리의 역할이며 책임임을 깨달아야 합니다.

그래서 저는 이미 개발이라는 이름으로 무수히 잘려간 숲과 나무들, 4대강 사업으로 파괴된 강들과 사라져간 생명들, 그리고 점점 말라가는 물(지하수)들의 편에 서려 합니다.

2012년부터 8년 동안 저는, 제주의 풍경인 오름과 바다가 망가지는 것을 목격하였고 지금 이곳 비자림로 삼나무숲을 알아버렸습니다. 현재 제주는 청정하지도, 뭇 생명들과 공존하지도 못하고 있습니다. 그런데 이미 이처럼 어마어마한 실수를 저지르고도, 반성과 성찰 없이 허울 좋은 '7대 자연경관'을 자랑하고 있습니다.

부디 청정 제주가 사라지지 않도록, 제주의 난개발을 멈춰주길
바랍니다. 여기서 그만 멈추세요. 멈추어야 합니다. 마지막 나
무, 마지막 물고기, 마지막 물을 잃고 난 후는 너무 늦습니다.

©그린씨

"소농이 지구를 식힌다"

기후위기와 농민

김정열

지붕이 있는 둥그런 한 마을이 있다. 그 마을 한쪽 얼음계곡에
서는 얼음이 녹아 흘러 내려 그 밑의 땅을 휩쓸어버리고, 또
다른 쪽에서는 숨도 못 쉴 정도의 뜨거운 열기가 마을을 덮고
있다. 이대로는 못 살 것 같다. 이대로는 더 이상 못 살 것 같다.

작년 이맘때였다. 지구가 타오를 듯 뜨거웠던 어느 날, 이웃집
아저씨가 참깨 밭에 물을 주다가 정신을 잃고 쓰러져서 119 구

김정열 농사일을 할 때가 제일 행복한 여성농민. 비아캄페시나 국제조정위원과 전국여성농
민회총연합 국제연대위원을 맡고 있다.

급차에 실려 갔다. 폭염 때문이었다. 다행히 15일 만에 집으로 돌아오기는 했지만, 정말 아찔하고 무서운 사건이었다.

2019년 지금, 한국은 다시 폭염이 기승을 부리고 있다. 벌써 올여름 들어 여덟 명의 농민이 일사병으로 사망했다는 뉴스가 나온다. 지구는 제어할 수 없는 인간의 욕망처럼 갈수록 뜨거워지고 있고, 그 욕망은 농민들의 삶터를, 가난한 사람들의 삶터를 위협하고 있다. 급변하는 기후는 농민들의 온몸으로 훅 밀려들어온다.

오늘도 내가 사는 지역에서는 "폭염이니 외출을 자제하라"는 긴급 재난 문자가 울린다. 하지만 '외출 자제'라니. 35도가 넘는 폭염으로 '경보'가 울려도 일터인 논밭에 어떻게 '외출'하지 않을 수가 있나. 특히나 친환경 농사를 짓는 우리들에게 작물보다 더 빨리 성장하는 풀을 관리해야 하는 여름철은 일 년 농사의 성패를 좌우하는 중요한 시기이다. 숨이 턱턱 막혀도 모자 하나에 의지해서 나가고 또 나가야 한다. 농민들에게 폭염은 농민의 생명을 앗아갈 수 있는 두려운 자연재해 중 하나가 되어버렸다.

어디 폭염뿐인가? 난데없는 봄의 폭설, 여름의 집중호우, 가을의 이른 추위가 과일나무 꽃을 말려버리고, 농민들의 전부인 농토를 휩쓸어 가버리며, 일 년 내내 가꾼 농작물을 얼려버린다. 평생 자연을 관측하며 자연 속에서 살아왔던 어르신들도 요즘은 "내 평생 이런 날씨는 처음이다"라는 말을 자주 할 정도로 기후변동과 불안정성이 극심해지고 있다.

이상 기후 문제는 한국의 농민뿐 아니라 전 세계의 농민들을 죽음으로 몰아넣고 있다. 올 3월 짐바브웨, 모잠비크, 말라위 등 아프리카 동남부에서 발생한 사이클론은 1천 명의 사상자를 냈고, 수만 명의 농민을 이주민의 신세로 만들었다. 아프리카와 인도에서 지속되는 가뭄은 농지가 사막이 되는 현상을 가속화하고 있다. 기후 재난으로 기아와 빈곤의 나락으로 더욱 내몰리는 사람들은, 어느 누구보다 농민들이다.

"1도의 기온 상승이 농민 자살자 수의 증가와 관련이 있다." 미국 캘리포니아대학교 연구팀의 연구 결과이다. 이를 인용하지 않더라도 농민에게 기후 문제는 당장 하루하루의 생계 문제이고 절박한 생존의 문제이기도 하다. 기후변화는 농업의 형태, 농작물의 종류, 작부체계, 수확량, 농작물의 품질, 농민의 소득 등 모든 것에 직접 영향을 미친다. 자유무역으로 생산비도 못 건지는 가난한 농민을 더욱 가난하게 만드는 것이 기후변화이다.

점점 더워지는 기후로 인해 한국에서도 농작물 주산지가 변하고 있고, 기존에는 없던 새로운 병충해가 생기기도 하고, 없던 잡초가 생겨 작물의 생육을 저해하기도 한다. 이를 극복하고자 농민들은 새로운 기술과 기계, 화학농약을 비롯한 화학적 방법을 강화하거나 다른 대체 소득 작물을 찾아보기도 하지만, 불안정한 기후 문제는 농민들을 절망에 빠뜨리고 종국에는 자신의 지역과 공동체를 강제로 떠나가게 만드는 이농과 이주, 이민을 낳고 있다.

이렇듯 기후는 농민들의 삶을 강타하고 있고 더 심해질 것으로 예측되지만, 한국 정부는 이 문제를 농민 개개인이 감당하게 하고 있다. 홍수로 인한 피해도, 가뭄으로 인한 피해도, 폭염으로 인한 피해도 말이다. 그 원인이 개인의 부주의나 개인의 잘못이 아닌데도 말이다.

그러면 이 기후위기의 원인은 무엇인가?

한국의 여성농민단체인 전국여성농민회총연합(전여농)은 현재의 이상 기후를 지구 생태계는 물론이고 인류에게도 '위기 상황'이라고 보고, 지금부터 바꾸어나가지 않으면 더 큰 위기가 닥칠 것이라고 생각한다. 인간 중심의 무자비한 개발, 화석연료에 의존하는 생산과 소비 시스템, 거대기업 이윤 중심의 경제 시스템 등이 온실가스 배출을 늘려 지구온난화를 초래하고 있다. 그렇기 때문에 기후위기는 개인이 감당해야 할 문제도 아니고, 개인적 차원의 변화를 통해서는 해결할 수 없다. 국제적인 합의와 범정부 차원의 노력과 대안들이 시작되어야만 이 위기 상황을 극복할 수 있을 것이다.

지구온난화의 원인인 온실가스 배출량의 12~14퍼센트는 농업에서 나온다. 석유를 먹는 하마인 대형 농기계와 화학비료와 농약에 의존하는 현재의 산업적인 방식의 농업 체계, 전 세계 식량과 식품 유통을 독점하고 있는 거대한 농기업 중심 식량 체계가 그 주범이다. 이렇듯 농업과 농민은 지구온난화의 가장 큰 피해자이기도 하지만, 또한 그 원인의 제공자이기도 하기 때문에 이런 농업 체계를 바꾸는 것이야말로 농민으로서 지구를 살리는 길에 공헌하는 방법이라 생각한다.

이를 위해 거대기업 중심의 글로벌 푸드체인을 거부하고 지역 중심의 푸드체인으로 전환하며 화석연료 사용을 줄이는 자연 순환적인 농생태학을 전국 각지에서 여성농민들이 실천하고 있다.

전여농이 소속되어 있는 비아캄페시나(국제농민운동조직) 역시 "소농이 지구를 식힌다"라는 구호를 걸고 기후위기를 해결하기 위한 대안으로 소농을 보호하고 육성하는 운동을 국제사회에 호소하고 있다. 소농은 세계 인구의 70퍼센트에게 식량을 공급하고 있지만 에너지는 30퍼센트밖에 쓰고 있지 않는 생태적인 농사를 짓는다. 초국적 농기업이 장악하고 있는 농업 시스템이 아니라 지역공동체 속에 살고 있는 소농의 자립적이고 안정적인 삶을 보장하는 것이 결국은 지속가능한 지구, 지속가능한 인류를 위한 길이다.

그러나 기후위기에 대응하는 국제사회의 노력은 본질적인 해결책을 향해 나아가기보다는 또 다른 기업의 자본주의적 이윤을 위한 상업적 해결책을 제시하고 있다. 예를 들면 탄소시장이 그렇고 스마트 농업Climate smart agriculture이 그렇다. 한국 정부 역시 기후변화에 대응하는 농업으로 스마트 농업을 장려하고 있다. 스마트 농업은 온실가스 배출을 줄이는 대안이 될 수 없고 오히려 온실가스 배출을 더 늘릴 뿐이다. 때로는 이런 상황이 절망스럽기도 하지만, 최근 기후위기에 대응하는 시민사회 네트워크 활동을 보면서 희망을 본다. 기후위기에 대응하는 한 워크숍에서 이런 슬로건이 나왔다. "지금이 아니면 내일이 없다." 그렇다. 내일을 위해 함께 행동하자. 우리 농민은 우리가 있는 농촌 현장에서 농업 개혁을 통해 지구를 살리는 활동을 하겠다.

태풍과 가뭄 등 기후위기로 고통 받고 있는 짐바브웨 농민은 이런 시를 통하여 절망과 희망을 말하고 있다. 절망과 희망 사이의 시간, 바로 지금이다.

오, 오, 대자연은 탄식하고, 인류는 고통에 몸부림친다!
왜 그런가? 절기는 변해서
이제 예측할 수도 의지할 수도 없다!
더 뜨겁고, 더 마르고, 더 짧아지고 있다!
바람과 폭풍은 더욱 거세고 파괴적이며
어머니 지구는 통탄하고, 대지는 메말라간다.
여성과 남성, 아이들, 식물과 동물들이 고통스러워한다!
자본주의적 농산업이여, 무슨 짓을 한 건가?
곳곳에서 어머니 지구는 산산이 부서진다.
그러나 희망은 수평선에서 희미하게 떠오른다.
먹거리 주권, 우리의 희망!
일어서라 사람들이여, 여성과 남성, 땅 없는 사람들, 소농들,
원주민 농민들, 숲의 사람들과 어민들,
당신들의 희망이 지구 구석구석에서 들리도록 하라!

정의로운 전환을 위하여

기후위기와 노동

장영배

2018년 8월, 16세 스웨덴 소녀 그레타 툰베리의 스웨덴 의회 앞에서의 단독 연좌행동에서 비롯한 '기후를 위한 학교파업', 영국의 '멸종저항' 등 세계적으로 확대되고 있는 시민불복종 운동은 더욱 심각해지고 있는 기후위기 사태에 대한 근본적 대응책을 촉구하고 있다. 이 운동은 기후위기에 대하여 자신들의 약속을 지키지 않는 정치 지도자들과 기업(자본가)의 거짓과 위선

장영배 1982년부터 2017년까지 과학기술정책연구원에서 일했으며, 현재는 민주노총 공공운수노조 공공기관사업국장, 민주노총 공공운수노조 전국공공연구노동조합 정책위원으로 활동하고 있다. 사회경제 시스템의 정의로운 전환, 탈핵 실현에 관심이 많다. 옮긴 책으로는 『비싼 원전 그만 짓고 탈핵으로 안전하자』가 있다.

을 정면으로 지적하고 있으며, 현 상태가 그대로 유지될 경우 미래세대의 생존 자체가 위협받거나 불가능해질 실존적 두려움과 공포를 밑바탕에 깔고 있다.

모든 생산활동은 환경에 직접적 영향을 미친다. 즉 오염, 폐기물, 자원고갈이 발생하며, 이것은 다시 인간의 복지, 생태환경에 영향을 미치고 그에 따른 경제적 비용을 발생시킨다. 그러나 많은 경우 시장경제에서 생산활동의 주체인 기업(자본가)은 이러한 사회환경적 비용을 스스로 부담하지 않고, 지역사회와 일반 시민, 자연환경에 떠넘기는 일이 많다. 기업은 이렇게 외부로 떠넘기는 비용을 '외부효과'라고 부르고 있다.

석탄, 석유, 전기, 기계를 중심으로 시작된 산업혁명 이후, 자본주의 시장경제가 무한한 경제성장과 이윤 극대화를 목표로 계속 팽창함에 따라 이런 '외부효과'는 수백 년 지구환경에 축적되어 지구온난화를 발생시켰고, 이제 기후위기라는 긴급사태를 초래하고 있다. 이런 의미에서 기후위기는 역사상 가장 거대한 시장실패라고 불러 마땅하다.

특히 문제가 되는 것은 지구온난화의 주범인 온실가스(이산화탄소) 배출을 어떻게 신속하게 줄일 것인가이다. 이를 위하여 그

동안 유엔 기후변화협약 당사국 총회COP가 해마다 열렸으나, 국가별 온실가스 감축목표를 설정한 2015년 COP21 파리협정은 온실가스 배출의 주범인 미국이 2017년 탈퇴하면서 그 유효성이 의심받게 되었다. 온실가스 감축 전망과 실천이 이렇게 지지부진한 상태에서 기후위기의 징후들은 지구 곳곳에서 나타나고 있다.

기후위기에 제대로 대응하려면, 화석연료를 기반으로 하는 현재의 사회경제 시스템의 전면적인 구조개편이 불가피하다. 즉, 화석연료를 벗어난, 또는 훨씬 덜 사용하는 저탄소경제로 전환하는 일은 더 이상 미룰 수 없는 지구적 과제가 되었다. 이러한 사회경제 체제의 생태적 전환은 불가피하게 사회적 비용을 발생시키며, 특히 현재의 사회경제 체제에서 일하며 소득을 올리는 노동자들과 해당 지역사회는 화석연료 사용의 배제나 단계적 축소·소멸에 따라 큰 영향을 받을 수밖에 없다. 화석연료 집약적인 산업분야에서 일하는 노동자들이나 그런 산업이 존재하는 지역사회는 일자리 축소나 상실, 소득 저하, 지역경제의 와해나 불안정성 심화 등 생태적 전환과정에서 피해를 볼 수 있다. 저소득계층이나 취약계층도 기후위기 적응이나 완화 과정에서 더 큰 부담을 지거나 피해를 볼 가능성이 크다.

이와 같이 사회경제 시스템의 생태적 전환과정에서 발생하는 사회적 비용을 노동자, 저소득층, 취약계층과 같은 사회적 약자들이 과도하게 부담하는 것을 방지하고, 그러한 비용을 사회 전체적으로 공평하고 정의롭게 배분해야 한다는 문제의식에서 노동운동이 주장하고 있는 원칙이 '정의로운 전환'이다. '정의로운 전환'은 국제노동기구ILO, 국제노총ITUC도 받아들여 지속가능한 사회경제 시스템 생성의 원칙으로 삼고 있으며, 유엔기후변화협약UNFCCC 기술보고서도 노동력의 정의로운 전환과 기후위기 완화정책의 상관관계를 다루고 있다. 정의로운 전환은 이제 사회경제 시스템의 생태적 전환에서 공유된 원칙이 된 것이다.

기후위기에 대한 새로운 각성과 근원적 해법을 요구하는 이러한 지구적 흐름 속에서 정의로운 전환을 실현하기 위해 노동자와 노동조합은 무엇을 해야 하는가.

노동자는 생산과정의 현장에서 일하기 때문에 생산되는 제품과 생산과정의 환경적 영향에 대하여 세밀한 직접적 지식을 갖고 있는 경우가 많다. 이를 바탕으로 노동자는 자신의 일터에서 제품과 생산과정의 사회적 환경적 부정적 영향을 개선하고 친환경적 생태적 대안을 찾는 데 적지 않은 역할을 할 수 있다. 그러나 적대적 노사관계가 지배하는 우리나라의 상황에서 노동자의 이러한 역할을 제대로 살리기는 쉽지 않다. 우선 기업주(사용자)는 제품이나 생산과정의 부정적 환경적 영향이나 특성을 노동자가 지적하고 문제제기하는 것을 받아들이지 않으려할 것이다. 자신들의 배타적 권한으로 생각하는 소위 '경영권'에 대한 도전으로 생각하여 억누르거나 무시할 것이다.

노동조합도 생산되는 제품이나 생산과정의 환경적 생태적 영향을 기후위기의 관점에서 평가하고 개선방안을 찾는 일이 익숙하지 않다. 우리나라에서 노동조합은 기업주(자본) 못지않게 현재의 생산체제에 오랫동안 적응해왔고 생산의 문제보다는 분배의 문제에 관심과 노력을 집중해왔다. 노동조합 활동의 초점은 단체교섭 등을 통하여 임금 등 노동조건을 개선하는 데 맞추어져 있다. 노동조합 상급조직을 보더라도 이러한 상황은 크게 다르지 않다.

이런 상황에서 노동조합은 기후위기 대응을 위한 사회경제 체제의 생태적 전환을 기회로 인식하기보다는 위협으로 인식할 가능성이 있으며, 기존 사회경제 체제를 유지하거나 부분적 변화만을 인정하는 방향으로 움직일 수 있다. 노동조합의 주요 세력 근거가 화석연료 집약적인 산업을 중심으로 구성되어 있고,

활동방식이나 주요 사업도 그러한 산업에 중점을 둘 수 있기 때문이다.

국제노동기구, 국제노총, 유엔기후변화협약 등은 기후위기를 노동자에게도 중요한 문제로 인식하여 정의로운 전환을 사회경제 시스템의 생태적 전환의 원칙으로 삼고 있고 그 구체적 실천방안을 찾는 중이다. 그러나 한국 노동운동은 기후위기를 아직 자신의 주요 의제로 삼고 있지 못하다. 노동기본권 보장도 제대로 되지 않는 적대적 억압적 노사관계, 충분치 못한 인적 재정적 자원 등 한국 노동운동이 기후위기 대응을 자신의 주요 과제로 삼기 어려운 조건들이 있다.

기후위기의 임박한 위협, 사회경제 체제의 생태적 전환의 시급성, 예상되는 산업구조 변화가 노동자와 노동조합에 미칠 막대한 영향, 기후위기에 대한 더욱 적극적 대응에 나서는 국제노동조합운동의 움직임 등을 고려할 때, 한국 노동운동의 이런 소극적 자세는 장기적으로 지속할 수 없다. 어려운 상황에서도 노조 간부와 조합원을 대상으로 기후위기의 심각성과 노동조합의 대응 방안을 교육하고, 기후위기에 대한 노동조합의 정책역량을 축적해가야 한다. 기후위기를 기회로 받아들여 더 능동적 적극적으로 대처하겠다는 인식의 전환이 필요하다. 정의로운 전환의 관점에서, 기후위기를 극복하기 위한 사회경제 시스템의 생태적 전환을 실현하고 동시에 더욱 극단으로 치닫는 사회경제적 불평등과 차별 문제를 해결하겠다는 비전을 만들고 실천하겠다는 노동운동의 확고한 의지가 필요하다.

정의로운 전환은 노동조합의 노력만으로는 이루어지지 않는다. 기후위기 극복을 위한 사회경제 시스템의 생태적 전환에 뜻을 같이 하는 모든 사회세력이 힘을 모아야 한다. 그리고 이 사회세력들이 생태적 전환과정의 기획과 실행 과정에 주도적으로 참여할 수 있어야 한다.

이것은 그냥 이루어지지 않는다. 화석연료 중심의 사회경제 체제에 뿌리 깊은 이해관계를 갖고 있는 사회세력들은 기존 체제 유지에 모든 노력을 다하고 있다. 노동운동, 환경운동, 시민운동, 소비자운동, 진보정당 등 기후위기 극복과 정의로운 전환에 뜻을 같이하는 모든 시민사회운동세력은 광범위한 연대를 형성하여, 기존 체제를 고수하려는 사회세력(화석연료 집약산업, 정부, 기업, 보수정당 등)과 맞서야 한다. 이러한 광범위한 연대를 통한 거대한 사회적 압력은 기존 화석연료 체제의 지배적 영향력을 약화시키고 정의로운 전환 등 새로운 비전의 확산과 실천을 위한 사회적 정치적 공간을 열어줄 수 있다.

지난 7월 23일 기후위기와 생존위기를 걱정하는 모든 사회단체와 조직, 개인들이 모여 기후위기 문제를 논의하는 집담회를 가졌고, 한국에서 9월 21일 '기후위기 비상행동'을 하기로 뜻을 모았다. '기후위기 비상행동'은 화석연료의 종말과 모두를 위한 기후정의를 요구하는 '지구적 기후파업' 기간(9월 20~27일)에 열린다. 노동운동도 정의로운 전환에 뜻을 함께하는 모든 시민사회운동, 일반 시민들과 더불어 '기후위기 비상행동'에 적극 나서자.

팔짱 끼고 인류 절멸을 관찰할 것인가
기후위기와 건강

김명희

지구가 뜨거워지고 있다. 점점 뜨거워지고 있을 뿐 아니라, 경험해보지 못한 추위, 거센 비바람, 타들어가는 가뭄이 변덕스럽게, 점점 더 자주 찾아오고 있다. 재난 영화에 단골로 등장하는 과장된 뉴스 화면이 눈앞에서 현실로 펼쳐지는 중이다.

하지만 쾌적한 사무실에서 인터넷 뉴스를 보는 이들에게, 에어

김명희 예방의학 전문의. 의학박사. 건강형평성연구센터 센터장으로서 건강불평등, 노동자 건강권을 연구하고 있다. 『한국의 건강불평등』『몸은 사회를 기록한다』『사회역학』『노동자 건강의 정치경제학』같은 책을 쓰고 번역하는 데 참여했다.

컨과 텔레비전 리모컨을 손에 쥐고 거실 소파에 기대어 TV 뉴스를 보는 이들에게, 이는 그저 남 이야기일 뿐이다. 찌는 듯한 더위에는 당연히 에어컨, 장마철 눅눅함에는 제습기, 겨울철에는 뜨끈한 보일러와 건조함을 막아줄 가습기. 아 참, 미세먼지를 줄이기 위한 공기청정기와 장마철 빨래 해결사 건조기도 필수다. 여름에는 냉방병을 걱정하며 카디건을 걸치고, 겨울에는 실내에서 반팔을 입고 돌아다닌다. 양문 냉장고는 기본, 냉동고, 김치냉장고, 와인냉장고에 화장품 냉장고도 있으면 좋다. 폭염과 추위 속에 돌아다닐 수는 없으니, 냉난방이 완비된 승용차도 당연히 필수.

돈만 있다면 뉴스가 뭐라 하든 사시사철 항온항습, 쾌적하고 편리한 삶을 누릴 수 있다. 그런데 이런 호사를 누릴 날도 얼마 안 남았다. 심심한 유감을 표한다. 그리고 이들이 얼마 남지 않은 호사를 즐기는 동안, 이런 삶을 누려본 적 없는 이들이 쓰러져가고 있다. 문자 그대로 쓰러지고 있다. 세계보건기구는 2030년에서 2050년 사이, 기후변화로 초래된 말라리아, 영양실조, 설사병, 열사병으로 매년 25만 명이 목숨을 잃을 것이라고 추정했다.

기후위기, 전 지구적 건강위기

기후위기는 모두가 아는 것처럼 인간 활동에 의해 온실가스 배출이 급증하면서 일어난 일이다. 온실효과 때문에 평균기온이 올라갈 뿐 아니라 강추위와 폭염 같은 극단적 날씨도 늘어나고, 비가 오는 양상도 변덕스러워졌다. 이미 한국에서도 최근 몇 년간 자주 경험했던 일들이다. 죽을지도 모른다며 친구가 보내준 중고 에어컨이 아니었다면, 나도 작년 여름을 어떻게 버텼을지 상상조차 하기 싫다. 빙하가 녹으면서 해수면이 상승하여 삶의 터전을 잃는 섬나라나 해변도시가 있는가 하면, 홍수와 가뭄, 폭염에 잇따른 대규모 산불 때문에 삶의 터전을 잃고 많은 이들이 한꺼번에 목숨을 잃기도 한다. 지난 봄 동시다발로 일어난 산불들의 무서운 기세는 지금도 또렷이 기억난다. 이런 굵직한 '사건'만이 문제는 아니다. 이제는 '이상'이라고 부르기도 어색할 만큼 이상 기상 현상이 정상이 되고 그 범위도 늘어나면서, 어업이나 농업 생산, 생물다양성이 줄어들고 전반적인 생태 시스템이 붕괴되고 있다. 자연의 파괴는 사회의 파괴로 연결된다. 주거와 생계를 이어갈 삶의 터전과 일터가 무너지면서 사람들은 빈곤에 빠지고, 때로는 어쩔 수 없이 삶의 터전을 떠나 낯선 곳으로 이주해야 한다. 점점 희소해지는 자원을 둘러싸고 폭력적 갈등이 벌어지기도 한다. 이 모든 일들은 건강과 보건의료체계에 커다란 영향을 미칠 수밖에 없다.

어업과 농업 생산의 감소나 지체는 식량위기와 영양실조로 이어진다. 기온 상승과 습한 날씨는 말라리아와 뎅기열 같은 질환을 옮기는 모기 수를 증가시키고, 바다의 수온 상승은 콜레라를 일으키는 비브리오균 생장의 호조건이다. 그동안 위생 개선과 공중보건 조치로 통제해왔던 감염병들이 세계 곳곳에서 다시금 맹위를 떨치고 있다. 뿐만 아니라 온실가스와 함께 배출되는 미세먼지는 심장 질환, 알레르기와 천식, 폐암 같은 호흡기 질환의 중요한 위험요인이다. 세계보건기구는 대기오염으로 매년 7백만 명이 사망에 이른다고 추정했다. 급격한 생활의 변화나 만성적 스트레스로 초래되는 정신건강 피해도 결코 간과할 수 없다. 작물이 말라죽고, 홍수로 집이 떠내려가고, 미세먼지 때문에 바깥에 나갈 수 없는 나날이 지속되는데 정신건강이 아무런 영향을 받지 않는다면 그게 더 비정상이다.

게다가 기후변화는 건강문제에 대응할 수 있는 공중보건 인프라를 파괴하고, 현재의 보건의료체계는 기후변화 때문에 초래되는 급격한 질병부담 증가를 감당하기 어렵다. 기후변화는 전 지구적 수준에서 21세기의 가장 커다란 건강 위협이며, 이런 면에서 기후변화보다는 '기후위기'가 좀더 정확한 표현이다. 기후위기에 제대로 대응할 수 있느냐가 향후 인류의 절멸 여부를 결정할 것이다.

인류 절멸을 가져올 수도 있는 위기 앞에서, 우리는 무엇을 해야 하는가? 주거 빈곤층이 밀집한 지역에 더위쉼터를 만든다, 오케이. 폭염 시에는 노동자들의 야외 작업을 금지한다, 오케이. 승용차 대신 대중교통을 이용한다, 오케이. 일회용 컵 대신 텀블러를 이용한다, 오케이. 여름은 원래 더운 것이라며 선풍기와 부채로 버틴다, 오케이. 공장식 축산에 반대하며 채식을 한다, 오케이……

지금 여기에서 각자 할 수 있는 중요한 실천들이다. 더위쉼터나 폭염 시 작업 중지처럼 때로는 사람의 목숨을 직접 구할 수 있는 것이기도 하다.

그러나 이것만으로는 부족하다. 지난 20년 동안 시민들이 분리수거를 그토록 열심히 했지만 자원 재활용 비율은 여전히 낮고, 미세먼지 줄인다고 개인들이 아무리 승용차 이용을 자제해도 화력발전소와 제철소의 큰 숨 한 방이면 말짱 도루묵이다. 우리 시민들의 노력이 의미 없다는 것이 아니다. 차원이 다른 거대한 전환이 필요하다는 것이다. 티끌 모아 태산이라지만, 열심히 티끌을 모아 태산을 쌓아가는 동안 인류는 절멸해버릴 수 있다. 이건 시간과의 싸움이다.

지속가능한 에너지, 지속가능한 교통, 지속가능한 식량생산, 건강위기에 대응할 수 있는 지속가능한 보건의료체계의 구축은 개인들의 작은 실천으로 이룰 수 없는 것들이다. 오늘의 이윤을 위해 내일을 생각하지 않는 자본, 이곳이 파괴되면 새로운 곳을 찾아 떠날 자본에 대한 통제 없이는 거대한 전환을 이룰 수 없다. 규제가 필요하고, 그것도 일국이 아닌 전 지구적 규제가 필요하다. 이미 틀은 마련되어 있다. 유엔 기후변화협약, 이것의 구체적 실천 지침인 교토의정서, 파리협정이 대표적이다. 문제는 이를 실행에 옮기는 것이다. 이것이야말로 정치이자 세계시민의 힘이 필요한 부분이다.

이 글을 읽는 많은 사람들, 각자의 삶에서 할 만큼 했다. 이제 정부가 나서고, 기업이 나서야 할 차례다. 그런데 어린이와 청소년들이 먼저 나섰다. 기후위기에 책임도 없는 아이들이 말이다. 태어나보니 이미 작동을 시작한, 영문도 모르는 시한폭탄이 손

에 하나씩 쥐어져 있으니, 세상에 이만큼 황당하고 억울한 일이
또 있을까?

부끄럽다고 아이들에게 미안해할 시간도 없다. 정부를 압박하
고 기업을 포위하자. 이제는 각자의 실천이 아니라 모두의 투쟁
이 필요하다.

기후위기, 절체절명의 인권문제

조효제

정확히 100일 뒤인 11월 말 프랑스 파리의 중심가에서 북동쪽으로 약 10킬로미터 떨어진 교외의 르부르제에 전 세계의 이목이 쏠릴 것이다(편집자 : 이 글은 2015년에 씌어진 것이다). 기후변화협약 당사국 총회가 열리기 때문이다. 모든 나라의 정부 수반과 대표들, 반기문 유엔사무총장, 그리고 프란치스코 교황까지 한자리에 모여 인류의 미래에 관해 엄숙한 논의를 벌일 예정이다. 파리 총회는 사상 최초로 법적으로 구속력이 있는 보편적

조효제 성공회대 사회과학부 교수. 이 글은 『한겨레』 2015년 8월 19일, 「조효제의 인권 오디세이」에 실었던 것을 재수록한 것이다.

기후변화 조처에 합의하려 한다. 인류의 미래를 지킬 수 있는 거의 마지막 기회라는 절박함이 팽배하다. 산업화 이전 수준에 비해 지구 온도 상승을 섭씨 2도 이내로 제한하려는 목표가 이미 비관적으로 되었고, 섭씨 4도 상승을 기정사실로 간주하면서 '적응'을 논하는 소리가 나오고 있는 미친 시대가 아닌가.

나는 환경 전문가가 아니지만 기후변화가 21세기 인권침해의 주범 중 주범이라고 확신한다. 기후변화의 결과도 결과이지만 강 건너 불구경하는 듯한 사람들의 태도는 그것 자체가 하나의 수수께끼이다. 기후변화가 인류의 인권을 파괴할 규모와, 우리가 흔히 인권 운운하는 눈앞의 문제들의 규모를 비교해 보라. 침몰하는 타이타닉호에서 테이블 상차림을 걱정하는 격이다. 인간의 지각능력은 문제의 규모를 비례적으로 파악할 수 있을 만큼 진화하지 못했다. 문제의 크기만이 아니다. 시간의 축이 조금만 길어져도 그 시급성을 인지하지 못한다. 기후가 정상 범위 내의 변화치를 완전히 벗어나 새로운 차원으로 옮겨가는 현상을 기후이탈이라 한다. 현재 비율대로 탄소 배출을 한다고 가정했을 때 가장 이른 예측치에 따르면 2033년부터 기후이탈이 시작된다. 올해 대학교에 입학한 새내기들이 마흔 살이 되기 전이다. '문명사회의 특징과 부합되지 않는 세상'이 올 거라는 말도 나온다. 묵시록이 따로 없다.

환태평양의 섬나라들은 이미 이주를 시작했고, 개도국과 연안 지역 주민들의 생계는 기후변화의 직격탄을 맞고 있다. 인구 2만1천 명의 팔라우는 해수면 상승으로 죽느냐 사느냐의 갈림길에 놓였다. 이들은 국제사법재판소에 국제법상 유권해석을 요청하는 이메일을 보내놓은 상태이다. 산업화된 선진국가들이 초래한 기후변화가 개도국 주민들의 인권을 유린했으므로 이는 일종의 내정간섭이며, 주권국가 원칙을 규정한 베스트팔렌 체제를 위반한 것이라는 논리이다. 어쩌면 기후변화협약에 의무조항이 신설되기 전에 기존의 국제법으로 선진국들이 제소당하는 사례가 나올 가능성이 있다.

기후변화의 효과가 한국에서 더욱 심각할 것이라는 연구도 있다. 국립환경과학원과 기상청이 발표한 '한국 기후변화 평가보고서 2014'를 보면 한반도 주변 해양의 온도 및 해수면 상승은 전 지구적 평균에 비교해 약 2~3배 더 높을 것이라 한다. 폭염에 의한 서울 지역의 사망자를 예측하면 현재 수준은 인구 10만 명당 0.7명 수준인데, 20년 뒤부터는 1.5명 사망 수준으로 2배 이상 증가할 것이라 한다. 부산 지역의 경우 해수면이 1미터 상승할 경우 연간 약 4천억 원의 경제적 손실이 발생할 것으로 추정된다. 그림 같은 해운대가 어떻게 변할지 한번 상상해보라.

기후변화가 인권을 침해하는 범주에는 세 가지가 있다. 첫째, 인간의 생명권을 침해한다. 생명권은 인권을 거론할 수 있는 가장 원초적인 차원의 권리가 아니던가. 둘째, 건강권을 침해한다. 기후변화는 각종 전염병과 풍토병의 유형을 바꾸고 악화시킨다. 이상고온, 물 부족, 사막화, 산성화는 인간 심신의 평형을 교란한다. 셋째, 생계권을 침해한다. 식량안보가 위협받고, 농지가 유실되며, 흉작과 기근이 만연하기 때문이다. 여기에 더해 자기결정권 침해, 생활수준 저하, 주거환경 악화, 문화의 질 하락, 재산권 침해, 교육환경 황폐화 등의 부정적인 영향도 확인된다. 기온이 상승하면 폭력과 갈등이 증가한다는 연구도 있다. 살인, 강간, 가정폭력과 같은 개인적 폭력, 그리고 집단 간 폭력 및 정치적 불안정, 더 나아가, 사회제도 붕괴와 같은 재앙적인 결과가 발생한다. 우리가 무심코 에어컨과 자동차를 사용할 때 세계 어딘가에 피비린내 나는 전쟁의 씨앗을 뿌리고 있는 것이다.

전 세계 인권운동은 최근 들어서야 기후변화를 가장 심각한 구조적 폭력으로 인식하기 시작했다. 2007년 11월 몰디브제도의 수도 말레에서 인권운동가들이 발표한 '말레 선언'이 대표적인 사례이다. 말레 선언은 환경이 인류 문명의 인프라이고, 기후변화는 인류 공동체와 환경에 대한 즉각적·근본적·광범위한 위협이며, 모든 사람은 인간사회를 유지할 수 있는 환경에 대한 기본권이 있고, 기후변화는 인권의 온전한 향유에 대해 명백하고 즉각적인 함의를 지니며, 유엔의 인권 기구들이 기후변화가 인권에 주는 함의를 한시바삐 조사해야 한다고 요구한다.

기후변화의 구조적 폭력과 인권침해 사이에 이토록 명백한 연결고리가 있음에도 왜 지금까지 이것을 인권문제로 다루는 시각이 적었는가. 복잡한 이유가 있다. 우선, 기후변화가 주로 과학계에서 논의가 시작되어 그것의 생태적·환경적·경제적인 측면만 강조되는 경로의존성의 문제가 발생했다. 또한 기후변화 협상이 주로 합의에 근거한 복지적 해법을 추구하는 경향이 있는 반면, 인권은 정의의 관점에서 해법을 추구하는 차이가 있다. 그리고 인권운동은 이미 발생한 구체적인 사실이 아닌, 가상의 시나리오로 프레임이 된 쟁점을 다루기 어렵다. 설령 기후변화의 인권침해를 다룬다 해도 그것을 주로 경제적·사회적인 권리로만 파악했으므로 전통 인권담론에서 그것을 제대로 이행할 방법을 찾기 힘들었다.

지구적으로 야기된 나라 바깥의 문제에 대해 법적 소재를 따지기 어려운 점도 한몫을 했으며, 피해에 대해 자국 내에서 법적·정치적 책임 소재를 묻기도 어렵다. 게다가 개도국의 경우,

기후변화에 따른 자연재해가 발생했을 때 인권법과 인권규범보다 인도적 구호와 지원을 시급한 조치로 인식하곤 한다. 법논리에 경도되어 있는 인권이 형식적·법적 정의에 주로 관심이 있다면, 인도적 행동주의에서는 실질적·정책적 정의를 추구하는 차이가 있다는 뜻이다. 마지막으로, 지금까지의 인권담론은 인권침해를 야기하는 뚜렷한 행위주체와 뚜렷한 피해주체가 설정되는 관계만을 인권문제로 파악했으므로, 모든 사람이 개입되는 시스템적인 인권문제, 구조화된 인권문제를 인권의제로 여기지 않았다.

정직하게 문제의 핵심을 따져보자. 기후변화의 근본원인이 화석연료 사용과 온실가스라는 상식을 인정한다면, 화석연료 사용 자체를 정식 인권의제로 다루어야 하지 않을까. 전 세계 석유 및 가스 회사들과 자원 보유국들이 이미 확보하여 채굴 계획을 완료해놓은 화석연료의 탄소 총량이 2,795기가 톤이다. 외부의 개입이나 저지가 없는 한 이들 전체량이 확실히 개발되어 대기에 뿜어질 것으로 예상된다. 현재 세계 환경운동과 사회운동에서는 화석연료의 채굴을 저지하려는 캠페인을 시작했다. 화석연료에 근거한 경제성장 패러다임에 찬성하는 사람을 좌우파를 막론하고 채굴론자라고 부른다. '채굴 대 반채굴' 논쟁은 21세기 경제·정치·사회의 최대 이슈가 될 가능성이 높고, 인류의 생존과 멸망을 가르는 새로운 진보-보수의 전선이 될 것이다. 이 싸움에서 인권운동은 어느 편에 서야 할까.

스티븐 험프리스는 인권운동이 다음과 같은 활동을 당장 시작해야 한다고 주장한다. "현재 땅속에 매장되어 있는 원유 중 적어도 80퍼센트 이상을 채굴하지 말아야 한다. 그것을 위해서 구체적이고 과단성 있는 조처가 필요하다. 예를 들어, 원유 채굴의 금지, 단계적 폐지, 원유 시추 일시 중지, 과잉생산에 대한 벌금, 그리고 불법화를 단행해야 한다…… 세상에 이런 아이러니가 어디에 있는가. 기후변화와 같이 특별하고 실존적인 위협, 전 지구적 차원의 위협이 인권의 달성을 불가능하게 만들고 있는데도 인권법, 인권 변호사, 전체 인권운동은 묵묵부답에 가깝고, 실제로 할 수 있는 일도 거의 없으니 말이다. 내 생각이 틀렸기를 바란다." 이런 현실이 인권에 주는 끔찍한 함의를 걱정하는 사람이라면 불면의 밤을 뒤척여야 정상이 아닐까 한다.

우리가 가보지 않은 길에 대하여

고은영

최초의 여성인 판도라가 지상으로 내려올 때 제우스는 인간에게 내리는 벌이자 축복으로 상자를 선물했다. 상자를 열자 모든 질병, 슬픔, 가난, 전쟁, 증오 등의 모든 악이 쏟아져 나왔고, 놀란 판도라는 서둘러 상자를 닫았다. 결국 맨 밑에 있던 '희망'만이 상자

고은영 녹색당 미세먼지기후변화 대책위원장, 제주녹색당 공동운영위원장. 기후변화를 교양으로 배우며 평범하게 자랐다. 교양의 시대를 지나 기후위기가 닥친 제주에 산다. 섬의 용수 97퍼센트를 의존하고 있는 지하수가 관측 이래 최저치를 기록하고 있고, 전 세계 해수면 상승 평균 속도보다 3배 빠르게 해수면이 상승하는 곳이다. 그러나 역설적이게도 관광객을 더 받겠다며 두 번째 공항을 추진 중이다. 공항 반대 운동을 하는 활동가였다가 2018년 지방선거에서 도지사 후보로 출마했고 낙선했다. 2019년, 녹색당의 기후변화 대책위를 맡았다.

오래된 이야기다. 상자에서 쏟아져 나왔다는 모든 악의 이름이 낯설지 않다. 어쩌면 우리가 마주하는 기후위기의 이름이자, 각자도생 시대 불평등의 이름일 것이다. 악을 나열해본다. 빙하가 녹아 저위도에 위치한 가난한 섬나라인 투발루나 저지대 국가인 방글라데시나 인도네시아 등이 바다에 잠겨가고 있다. 중동과 아프리카 등에선 물 공급과 식량 생산이 불안정해지며 무력까지 불사하는 갈등이 격화되고, 시라아를 탈출한 수백만의 기후난민들은 죄 없이 세계를 떠돈다. 우리나라에서는 폭염과 기습 호우, 추위, 산불 등 기상이변 속에서 야외 노동자와 농민, 쪽방촌의 빈민과 건강약자들이 목숨을 잃고 있다. 인도에서는 폭염과 도시 오염으로 극빈층이 사망하고 어린이 뇌염 환자가 폭증하고 있다. 전 지구적으로 생물 다양성이 붕괴하고, 먹기 위해 길러지는 공장식 축산의 동물들이 기상이변 때마다 집단 폐사한다. 이렇게 가장 빈곤하고 연약한 지역과 계층, 생명들이 가장 먼저 기후위기에 공격당한다. 우리는 거대한 악, 불평등 앞에 생존을 위해 각자도생의 삶으로, 삶으로 내몰리고 있다.

이것은 모두 시작에 불과하다. 이 순간에도 악을 내뿜는 '가해자'가 규제되지 않고 있기 때문이다. 각 국가가 온실가스 감축을 약속한 파리협약이 제대로 지켜지지 않는 틈을 타, 경제 강국과 세계 기업들은 여전히 온실가스를 배출하며 부를 쌓아 올리는 중이다. 수출 중심 제조업과 토건, 건설로 먹고 사는 우리나라 또한 국제사회에서 한 약속과는 달리 온실가스 배출량 7억 톤을 넘기며 기후변화 대응에 '매우 불충분'한 국가로 분류되고 있다. 지금 과학자들은 이 재앙과도 같은 지구온난화를 멈추기 위해서는 현재의 70퍼센트 수준으로 생산하고, 소비해야 한다고 경고하고 있다. 일부 기업인들마저 기후위기의 심각성을 경고하며 산업의 대전환이 필요하다고 주장하고, 때를 놓쳤다가는 큰 경제위기에 직면할 것이라고 경고하기까지 한다. 그러나 지금 누가 이 기후위기를 돌파하기 위해서 움직이고 있는가?

그 일을 해야 할 행정부와 국회는 우리나라가 2018년 온실가스 배출량 7위의 '가해자국'이 될 때에도(라고 쓰지만 평범한 시민들을 '가해자이며 동시에 피해자'로 만들고 있을 때에도, 라고 읽는다) 부끄러운 줄 모르고 고요했다. 오히려 기후위기를 가속화하는 석탄발전소, 4대강 사업, 제주 제2공항, 밀양 송전탑 공사 등을 기획하고, 예산을 승인했다. 노동자들이 기상이변에 목숨을 잃는 순간에도 쾌적한 국회에 들어앉아 부질없는 정쟁을 일삼았다. 개혁되지 않는 정치인들이 지키고 있는 '기후 침묵' 속에서, 언론과 교육계 또한 손수건과 텀블러 캠페인, 에너지 절약 운동을 경쟁적으로 펼치며 '개인의 작은 실천'만 되뇌었다. 시민들은 이런 실천으로 제 몫을 하고 있지만, 이것만으로는 기후위기가 해결될 수 없다. 어떻게 해야 할까. 이 막막한 지구적 문제 앞에서 우리는 점점 희망을 잃고 작아지는 듯하다. 이제 기후위기를 근본적으로 해결할 수 있는 사회구조 개혁이 필요하다. 그것은 누구의 몫인가? 행정부와 국회는 막대한 권력을 쥐고, 이 문제 해결에 나서고 있는가? 우리는 계속 질문을 던졌지만 답을 받지 못했고 시간만 흘러, 마침내 인류가 선택할 수 있는 마지막 10년을 넘겨받았다.

그리고 그레타 툰베리가 판도라의 상자를 다시 열었다. 그저 "행동하라"는 툰베리의 간결하고도 절박한 외침은 전 세계 기후파업에 돌입한 청(소)년, 멸종저항 등 기후위기 단체들의 핵심 운동 기조와 일치한다.

세계 지도자들이 문제를 스스로 해결할 능력이 없다는 것은 지금까지 명백하다. 우리는 거리에 나가서 우리의 목소리를 들려줘야 한다. 그것은 우리가 우리의 힘을 운동으로 보여주는 방법이며, 우리 행정부가 올바른 결정을 내리는 방법이다.

정치를 움직이기 위해 세계 시민들이 거리에 쏟아져 나왔고, '과학적 진실의 인정'과 즉각적인 기후변화 대응을 촉구했다. 시민들의 격렬하고 절박한 요구에 '기후 침묵'이 조금씩 깨졌다. 현재 전 세계 16개 국가, 800여 개 지방정부에서 '기후위기 비상사태'를 선언했고, 입법과 정책을 통해 '2050 탄소 제로' 등 온실가스 감축 계획을 내놓고 있다. 이것은 모두 급진적으로 진행 중인 국제 정세의 변화이다. 현재도 파급은 더욱 커지고 있고, 2019년 9월 전 세계 기후행동을 촉발시킨 커다란 계기가 되었다.

나는 그래도 막막하고, 그래도 주저하고, 그래도 우울해하는 당신을 안다. 나는 당신에게, 또 다른 한 사람의 이름을 건네고자 한다. 같은 시기, 그레타 툰베리가 있는 스웨덴의 지구 반대편 국가 뉴질랜드에서 상자를 연, 저신다 아던이다. 2018년 자발적으로 2050년 탄소 제로 시대를 선언한 섬나라 총리. 연합정부 파트너인 녹색당과 손잡고 테러에도 굴하지 않으며 2019년 5월부터 실제 '2050 탄소 제로' 입법을 추진 중인 국가 리더. 그 직후인 6월, 서양의 현대 국가 중 최초로 국가 정책 목표로 국내총생산GDP이 아닌 행복 증진을 채택한 1980년생 여성.

우리가 자연을 착취하고 온실가스를 내뿜는 경제 구조를 '부'

로, 환경을 보존하는 것을 '가난'으로 여기며 실체 없는 가난의 공포에 질려 있을 때, 아던 총리는 그저 덤덤히 국가의 성과 지표를 바꿨다. 주요 내용은 정신건강 증진, 아동 빈곤 개선, 마오리족과 남태평양 주민 보호, 국가 생산성 증진(연구 혁신기업 지원과 자동화에 따른 일자리 감소 대응), 경제구조 전환 등 5개축이다. 특히 경제구조 전환 항목은 우리가 상상하는 '경제' 항목과는 사뭇 다르다. 토양 관리, 농업과 에너지 분야 온실가스 감축, 지하수 보존, 대중교통 확대 등으로 이뤄져 있다. 나라의 경제구조를 선제적으로 '친환경 구조'로 바꾸는 것이다. 국제 뉴스들은 이 같은 행복 정책을 '가보지 않은 길', '대전환'이라고 다루며 다른 국가들에 끼칠 영향력에 대해 분석했다. 아던 총리가 행복 정책을 발표한 직후, 한 언론은 이렇게 평가했다.

이 거대한 사회 실험의 결과는 뉴질랜드 공동체뿐 아니라 세계 각국들도 면밀히 관찰할 것이다. 실험 결과는 세계 각국이 시도하려는 의지에도 영향을 줄 것이다. (2019년 6월 8일 *VOX* 기사 'Forget GDP — New Zealand is prioritizing gross national well-being' 중)

저기, 2003년생 그레타 툰베리와 1980년생 저신다 아던 총리가 희망을 꺼내 우리가 가보지 않은 길을 걷고 있다. 그들은 행동을 통해 기후위기를 돌파하고, 연대의 정치를 통해 그 다음 세상도 구축하고 있다. 세계 시민들이 두 여성을 뜨겁게 지지하며, 그들의 희망을 퍼뜨리며, 그 힘으로 상자에서 먼저 쏟아져 나온 모든 악과 마주하는 용감한 어벤저스들이 되고 있다. 시간이 얼마 남지 않았다. 우리도 이제 희망을 꺼내야 하지 않을까. 그리고 함께 살아야 하지 않을까. 9월 21일, 나는 거리에서 당신과 만나 상자를 열고 싶다. 우리가 만날 9월 21일. 그날은 인류가 기후위기에서 스스로를 구한 날, 가난의 공포가 아닌 공동의 행복을 요구한 날, 그리고 지구 역사상 가장 정치적인 날로 기록될 것이다.

판도라의 상자 맨 밑에 남아 있던 '희망'이 나오는 날 말이다. 아아, 그래. 당신이 희망이다.

9월 21일,
기후위기 비상행동에 함께해주십시오*

파국적인 기후위기가 다가오고 있습니다. 과학자들은 '탄소예산'을 통해서 전 지구적 기온 상승 2도 혹은 1.5도 목표를 지키기 위해서는 10년 정도의 시간밖에 남지 않았다고 계산하고 있습니다. 이대로라면 조만간 세계의 주요 도시들이 더 이상 사람들이 거주하기 힘든 지역이 될 것이라고 경고하고 있습니다. 과학자들의 우려는 지금 세계 곳곳에서 벌어지고 있는 '기상이변'이 뒷받침해주고 있습니다. 50도 가까이 치솟았던 인도 대

---

* 이 글은 '기후위기 비상행동' 결성을 위한 제안문과 비상행동이 결성된 2019년 7월 23일 모임의 결과를 정리한 보도자료 내용을 엮어, 수정·보완한 것이다.

류, 45도를 넘어서버린 남부 유럽, 멕시코만 한 면적의 빙하가 녹아내린 남극 대륙, 기온이 30도가 넘어서면서 산불과 홍수로 시달리고 있는 미국 알래스카…… 올해 상반기까지 외신을 통해서 전해진 기상이변 소식들입니다. 한국에서도 갈수록 변덕스러워지는 폭염과 한파, 사라져가는 장마철과 사계절의 구분이 이미 우리가 기후변화의 한가운데에 들어와 있음을 똑똑히 보여주고 있습니다.

영국에서는 '멸종저항'이라는 대중조직이 기후위기를 경고하는 비폭력 직접행동에 나서기 시작했습니다. 그동안 수많은 우려 표현과 경고에도 불구하고 영국 정부가 기후위기에 대처하기 위해서 적극적으로 나서고 있지 않다고 비판하고 있는 이들은 '사회적 혼란'을 야기하겠다고 명시적으로 주장하고 있습니다. 런던 템스 강을 가로지르는 다리를 점거하여 교통을 마비시키고, BBC 건물을 봉쇄하여 직원들이 빠져 나오지 못하도록 하고, 자연사 박물관을 점거하여 죽은 듯이 누워 시위하고…… 이런 직접행동은 정부와 전 사회가 당장 기후행동에 나서도록 촉구하기 위한 것입니다. 이런 '사회적 혼란'이 아니면 쳐다보지 않고 귀를 닫고 있기 때문입니다.

영국만이 아닙니다. 스웨덴의 16세 청소년이 시작한 '기후 학교파업' 시위는 눈덩이처럼 불어나고 벨기에, 호주, 독일 등 전 세계를 휩쓸고 있습니다. 3월 15일과 5월 24일, 전 세계적인 기후파업이 조직되어 수십만 명의 학생들이 학교 대신 거리를 메우고 온실가스 배출로 도둑맞은 미래를 돌려놓으라고 주장하고 있습니다. '토지의 종말'(엔데 겔랜데)이라는 독일에서의 대규모 캠페인은 석탄 광산과 철도를 점거하는 시위농성을 벌이고 있습니다. 일부 과격하고 급진적인 단체들만 참여하는 시위가 아닙니다. 기후변화에 위기의식을 느끼고 있는 시민들이 폭넓게 참여하는 시위로서, 독일 녹색당의 연방의원들까지도 참여하고 있습니다. 독일 녹색당은 기후위기 해결을 요구하는 정책으로 지지율 1위에 올라서기도 했습니다. 이들의 행동이 급진적인 것이 아니라, 기후위기 상황이 급진적이기 때문입니다.

과학자들의 경고, 전 지구적으로 목격되는 기상이변, 그리고 대중들의 급진화한 기후행동으로 인해 세계 각국 정부들도 반응하고 있습니다. 올해 들어 영국, 프랑스, 캐나다, 아일랜드 등 16개 국가와 뉴욕을 비롯한 800여 개의 지방정부들이 기후변화를 국가 비상사태로 선언하면서, 많은 자원과 역량을 동원해 기후위기에 대응하겠다고 나서고 있습니다. 그 방안 중 하나로 2050년까지 온실가스 배출을 제로로 만들겠다는 야심찬 목표를 선언하며 이를 법률로 제정하기 시작했습니다. 또한 2030년

혹은 2040년부터 석유를 태우는 내연기관차 판매를 중단하겠다는 선언이 잇따르고 있습니다.

그러나 한국은 어떤가요? 문재인 정부가 혁신적으로 추진하기 시작한 에너지전환 정책은 과거에 비해 놀랍고 환영할 만한 것이지만, 직면하고 있는 기후위기에 대응하기에는 크게 부족합니다. 에너지 부문뿐만 아니라, 노동, 인권, 보건의료, 농업, 식품, 교통, 건물, 복지, 수자원 등 모든 분야에서 기후위기에 대응하기 위한 논의와 실천들로 확대되기는커녕, 에너지전환도 오히려 위축되고 있습니다. 기후변화에 대해서 이야기하기를 꺼려하는 정부와 여당, 그리고 미래에 대해서 어떤 대안도 가지고 있지 않은 보수 야당, 보수 언론, 그리고 기득권 세력들 사이의 이전투구는, 기후위기를 넘어서기 위한 우리의 노력을 봉쇄하고 있습니다.

이제 기후위기로부터 생존하기 위해, 시민사회가 비상한 각오로 나서야 할 때입니다. 한국 사회에서 누구보다 먼저 청소년들이 길거리에 나섰습니다. 하지만 기후위기는 그들만의 문제도, 또 그들의 책임도 아닙니다. 청소년, 여성, 시민, 노동자, 농민 등 다양한 계층과 정체성을 가진 이들이 생존을 위해 함께 나서야 할 때입니다. 정부, 국회, 기업, 언론 등 기후위기를 심화시키면서도 해결을 외면하고 있는 모든 권력을 향해, 기후행동에 나설 것을 촉구하고, 압박하고, 또 견인해야 합니다. 더 이상 기후 침묵은 용납될 수 없다고 경고해야 합니다.

7월 말, 한국의 여러 단체들과 개인이 모여, 날로 심각해지는 기후위기에 대한 인식을 공유하고 비상한 자세로 이에 대응하기 위해서 '기후위기 비상행동'을 결성하였습니다. 그리고 기후위기 비상행동은 9월 21일(토)에 정부와 다배출 기업 등 책임자들에게 기후위기 해결을 촉구하기 위한 대규모 행동인 '기후 집회와 행진'climate strike을 진행하기로 결의하였습니다. 이는 9월 23일 뉴욕에서 예정된 유엔 기후변화 세계정상회담을 앞두고, 기후위기 해결을 촉구하기 위해 20일부터 27일까지 이어지는 국제적인 기후행동의 일환입니다. 또한 9월 27일 예정 중인 청소년 기후행동에도 지지와 연대를 위해 다시 모이기로 했습니다.

이번 기후위기 비상행동의 결성은 한국사회에 퍼져 있는 기후위기와 기후부정의climate injustice에 대한 폭넓은 우려와 온실가스의 획기적인 감축의 필요성에 대한 인식에 바탕을 두고 있습니다. 기후위기 비상행동을 결성하기 위한 자리에서 참가자들은 많은 국가와 지방정부들이 기후위기 비상사태를 선포하고 있는 전 세계의 흐름을 공유하면서, 한국도 이에 합류하고 2050년 '배출 제로' 목표를 설정해야 한다는 의견 등을 제시하였습니다. 또한 그레타 툰베리로부터 시작한 청소년들의 전 세계 기후(학교)파업, 그리고 영국의 '멸종저항' 등의 직접행동에 지지를 표하면서, 한국 정부와 기업에도 강력한 압력을 가해야 한다는 데 공감했습니다. 이는 기후위기 비상행동의 핵심적 주장들이 될 것입니다.

9월 21일, 서울과 지역 곳곳에서 조직하고 있는 기후위기 비상행동에 함께해주십시오. 기후위기 비상행동에 대해 주위에 알려주십시오. 비상행동에 관한 보다 자세한 소식은 페이스북 '921 기후위기 비상행동' 페이지를 통해 공지할 예정입니다. 주목해주십시오.

[7월 26일 현재 기준, 기후위기 비상행동 참가단체 명단]
에너지기후정책연구소, 환경운동연합, ICEnetwork, 그린피스, 전국태양광발전협회, ESC(변화를꿈꾸는과학기술인네트워크), 기후솔루션, 서울환경운동연합, 노동자연대, 녹색전환연구소, 녹색당, WWF, (사)서울햇빛, 녹색연합, 지역에너지전환 전국네트워크, 태양의학교, 한국농어촌사회연구소, 기후변화대응에너지전환협동조합, 사회변혁노동자당, 기후결

의, 예수수도회, 생명의숲, 원불교환경연대, 지역농업네트워크, 인권재단
사람, 전국민주노동조합총연맹, 예수회인권연대연구센터, 해방연대, 여
성환경연대, 한국태양광산업협회, 전북녹색연합, (사)푸른아시아, 농업
농민정책연구소 녀름, 유럽기후재단, 인권운동사랑방, 천주교서울대교
구 환경사목위원회, 에너지정의행동, 시민건강연구소, 부천YMCA, 환경
정의, 한국교회환경연구소, 에너지전환포럼, 노동자연대학생그룹, 인천
에너지전환네트워크, 생명윤리포럼, 십년후연구소, 작은형제회JPIC, 천
주교남자장상협의회(수도회) 생명평화분과위원회, 천주교여자장상연합
회 생명평화분과위원회(총 49개 단체, 무순)

기후위기 비상행동을 위한 긴급 메시지

1.5 : 그레타 툰베리와 함께

초판 1쇄 발행 2019년 9월 2일
초판 5쇄 발행 2022년 6월 27일

지은이 한재각 외
펴낸이 오은지
책임편집 변홍철
디자인 박대성
펴낸곳 도서출판 한티재 | 등록 2010년 4월 12일 제2010-000010호
주소 42087 대구시 수성구 달구벌대로 492길 15
전화 053-743-8368 | 팩스 053-743-8367
전자우편 hantibooks@gmail.com | 블로그 www.hantibooks.com

ⓒ 한재각 외 2019
ISBN 979-11-90178-10-5 04300
ISBN 978-89-97090-40-2 (세트)

이 도서의 국립중앙도서관 출판예정도서목록(CIP)은 서지정보유통지원시스템
홈페이지(http://seoji.nl.go.kr)와 국가자료공동목록시스템(http://www.nl.go.kr/kolisnet)에
서 이용하실 수 있습니다. (CIP제어번호: CIP2019032585)